红色摇篮 绿色家园

江西风景独好

红色摇篮 绿色家园
江西风景独好

赣州

游遍江西

客家摇篮

主编 王晓峰

江西人民出版社
Jiangxi People's Publishing House
全国百佳出版社

总 序

朱 虹

旅游，是一个古老的话题，

旅游，也是一个现代的话题，

旅游，更是一个常说常新的话题。

在中国古代，《五经》中的《周易》就有“旅”“观”二卦，卦辞对“旅行”和“观光”进行了表述。先秦文献《穆天子传》中，也有周穆王驾八骏巡游的生动记载。就江西而言，历代文人墨客留下的旅游佳作举不胜举。以世界级名山庐山为例，《史记》中就有夏禹、秦皇、汉武、司马迁浮长江登庐山的记载，陶渊明、李白、孟浩然、白居易、苏东坡、王阳明等许多大诗人也都有题咏，明代旅行家徐霞客则有生动的游记。

旅游作为一门学科，作为一种行业，则是近现代才兴起的新的学科和行业。江西学者伍飞先生对全球旅游进行了探索性的研究，并就此访问了60位外国驻华大使，撰写了被誉为旅游界“圣经”的《旅游整合世界》，其观点为世界许多政要、东西方学者和国际旅游从业者们所认可。诚如伍先生所言：“旅游整合世界，共享人类文明。”蓝色的地球，五大洲、四大洋，寒温热三带，有说不尽道不完的自然的和人文的旅游景

观。从遥远的上古到21世纪的今天，人类文明的步履行进了几十万年，踏遍了全球。现今，人类还在向地球外的宇宙，进行不断地探索，遨游太空也已成为现实。因为大自然的神工鬼斧与人类无尽的创造力，自然的与人文的遗产遍布寰球。对于旅游业来说，毋庸置疑，这一切都是可以利用的巨大的资源。人类有着不同的肤色、不同的民族、不同的语言文字、不同的宗族信仰、不同的风俗民情，但是，就旅游的概念而言，这一切都可以打破，这一切也都正在被打破，地球村的村民们共享着大自然的馈赠和人类自身所创造的文明。旅游，既是人类享受生命的一种特别方式，也是人类社会不断和谐发展的巨大的推动力。

江西，地处长江中下游的南岸，古称“吴头楚尾，粤户闽庭”。这片自然造化所眷顾的赣鄱大地，这片先民们生息繁衍、开发了几万年的赣鄱大地，旅游景观之丰富为世人所瞩目。

江西风景独好。市市有好山好水、县县有旅游景点，旅游资源种类多、品位高、潜力大。拥有国家旅游资源标准分类八大类155种基本景观中的153种，有世界遗产地5处，世界地质公园4处，5A级以上旅游景区6处，国家级风景名胜区14处，综合评价位居全国前列。红色旅游资源、绿色山水资源、古色历史文化资源交相辉映，最具代表的“3461”景区，即四大名山（庐山、井冈山、三清山、龙虎山）、四大摇篮（“中国革命的摇篮”井冈山、“人民军队的摇篮”南昌、“人民共和国摇篮”瑞金、“中国工人运动的摇篮”安源）、四个千年（“千年瓷都”景德镇、“千年名楼”滕王阁、“千年书院”白鹿洞、“千年古刹”东林寺）以及一湖（中国最大的淡水湖鄱阳湖）、一村（中国最美的乡村婺源）、一海（庐山西海）、一峰（龟峰）、一道（“小平小道”）、一城（共青城）等闻名于世。这些丰富的资源，不仅仅是江西的，也是中国的，更是为世界所共享的巨大财富。

为了更广泛深入地推介江西的旅游产品，进一步提高江西旅游形象品牌在海内外的影响力和知名度，不断拓展江西的客源市场，更好地为游客服务，自2013年5月中旬开始，江西省旅游协会与江西人民出版社联手，精心策划、组稿、审阅，编辑出版了这部“游遍江西旅游系列丛书”。这部丛书共分11册，每册约9万字，是一套系统的全方位的介绍江西各地旅游文化资源的精品图书，既有权威性，又具较强的可读性，也是一套供自驾游和自助游爱好者参考的旅游指南，图文并茂，简明实用。这项重要的旅游文化出版工程，可用“精、全、细”三字来概括。精，即不仅图书是精品，介绍的旅游资源也多为精品；全，即一套在手，江西的旅游资源基本上尽收眼底；细，即一册在手基本的旅游信息里面都有，体贴细致。江西的旅游资源、文化遗产，正在为天下人所共享，而这套丛书的问世，其作用与意义将不言而喻。

江西是个好地方，道不尽自然的壮丽和秀美；江西是个好地方，说不完人文的深厚与绵长！这里是神奇江西——物华天宝，人杰地灵；这里是美丽江西——青山绿水，如画如诗！

是为序。

（朱虹　江西省人民政府副省长）

目录

第一章　梦回赣州——千年古韵

一、寻历史古迹，览千年宋城
秀美赣州城，悠悠古城梦 /004
1.郁孤台下清江水，中间多少行人泪/ 006
2.壮观秀美——八境台/ 009
3.古朴逶迤——古城墙/ 010
4.千年浮桥——赣州一绝/ 011
5.岁月风韵——灶儿巷/ 014
6.名人古迹——蒋经国故居/016
二、看遍古城现代风光 / 018
（一）城市中央公园 / 018
（二）赣州文庙 / 018
（三）世界之最——赣州和谐钟塔 / 019
（四）赣州市自然博物馆 / 020
（五）宝葫芦农庄 / 021
（六）风光旖旎——通天岩 / 022
1.情苑/ 023
2.龙凤苑/ 023
3.观心岩/ 024
4.忘归岩/ 024
5.龙虎岩/ 025
6.通天岩/ 027
7.广福禅林/ 028
8.翠微岩/ 028
9.现代休闲区/ 029
（七）客家风情——五龙客家风情园 / 030

第二章　游在赣州——山美水美

一、赣县景点 / 034
（一）客家文化城 / 034
1.客家宗祠/ 034
2.济和塔/ 035
3.客家艺术长廊/ 036
（二）赣南客家名人公园 / 036
（三）马祖岩 / 038
（四）风水宝地——杨仙岭 / 039
（五）峰山 / 041
（六）宝莲山 / 043
（七）白鹭古村 / 044
1.恢烈公祠/ 045

2.王太夫人祠/046
3.洪宇堂/046
二、南康景点/047
（一）南康旭山公园/047
（二）南康南山省级森林公园/049
三、瑞金景点/050
（一）中华苏维埃第一次全国代表大会会址/050
（二）中共苏区中央局旧址/052
（三）红军烈士纪念塔/053
（四）红井/054
（五）罗汉岩景区/055
四、于都景点/057
（一）中央红军长征出发纪念园/057
（二）于都革命烈士纪念馆/060
（三）于都屏山牧场/061
（四）于都罗田岩/062
（五）寺东悬崖石刻/063
观善岩悬崖石刻/063
五、兴国景点/064
（一）兴国将军园/064
（二）兴国潋江书院/066
（三）兴国冰心洞/067
（四）三僚风水文化景区/069
六、大余景点/070
（一）大余丫山风景区/070
（二）梅关古驿道/073
1.庾岭梅花——四大探梅胜地之一/073
2.梅关——兵家必争之地/074
3.梅岭古道——保存最完整的古驿道/075
4.陈毅——梅岭三章/075
（三）牡丹亭/076
七、会昌景点/077
（一）会昌汉仙岩/077
（二）会昌邓小平旧居/079
八、石城景点/080
（一）石城通天寨景区/080
（二）石城九寨温泉/082
（三）石城大畲荷花园/084
（四）石城赣江源漂流/084
九、上犹景点/085
（一）上犹陡水湖/085
1.环境与风俗概况/086
2.赣南树木园/087
3.太极八封湾/087
4.五指峰/088
5.客家文化/088
（二）上犹五指峰/091
（三）上犹燕子岩/093
十、崇义景点/094
（一）崇义阳岭/094
（二）崇义上堡梯田/096
（三）江西齐云山/098
十一、信丰景点/099
（一）信丰百里脐橙带/099
（二）信丰大圣寺塔/100
十二、安远景点/102

（一）安远三百山森林公园 / 102
（二）安远东江源三百山镇虎岗温泉度假村 / 104
（三）安远无为塔 / 105
（四）安远东升围 / 105
十三、寻乌景点 / 107
（一）寻乌青龙岩景区 / 107
（二）寻乌革命历史纪念馆 / 108
（三）东江源头第一山——桠髻钵山 / 108
（四）罗塘谈判旧址 / 109
（五）圳下战斗旧址 / 110
十四、龙南景点 / 111
（一）客家围屋 / 111
（二）龙南小武当 / 115
（三）龙南九连山 / 117
十五、定南景点 / 118
（一）定南明骏九曲生态保健旅游度假村 / 118
（二）定南虎形围屋 / 120
十六、全南景点 / 121
（一）天龙山寺 / 121
（二）南迳温泉度假村 / 122
（三）仙师宫 / 122
（四）雅溪围屋 / 123
（五）狮子寨 / 124
（六）李氏宗祠 / 125

第三章　行在赣州——畅通无阻

一、空降宋城赣州——航班信息 / 128
二、沿途风景看赣州——铁路信息 / 129
三、四通八达入赣州——公路客运信息 / 130
四、畅游古城——城区交通 / 131
五、特色路线畅游赣州 / 132
（一）市区观光一日游 / 132
（二）红色精品自驾游路线一 / 132
于都、瑞金专线 / 132
（三）红色精品自驾游路线二 / 135
兴国专线 / 135

第四章　吃在赣州——宋城美食

一、吃货天堂——钓鱼台 / 140
二、特色美食——宋城味道 / 141
（一）赣南小炒鱼 / 141
（二）客家酿豆腐 / 142
（三）三杯鸡 / 143
（四）客家擂茶 / 143
（五）野生红菇 / 144
（六）艾米果 / 144

三、小县美食——停不下来 / 145
（一）赣县美食 / 145
1.沙地板鸭/ 145
2.黄元米果/ 146
（二）南康美食 / 147
1.甜柚/ 147
2.辣椒酱/ 147
3.花生巴/ 147
（三）信丰美食 / 148
1.红瓜子/ 148
2.脐橙/ 148
3.萝卜饺/ 148
4.萝卜干/ 149
（四）上犹美食 / 149
1.石鱼/ 149
2.玉兰片/ 149
3.包米果/ 150
（五）崇义美食 / 150
1.齐云山南酸枣糕/ 150
2.赤水仙系列茶/ 151
（六）大余美食 / 151
1.南安板鸭/ 151
2.多味花生/ 152
（七）龙南美食 / 152
1.龙南珍珠汤/ 152
2.恒泰花生/ 153
3.板栗/ 153
4.坳背梨/ 153
5.大蒜/ 154
（八）全南美食 / 154
1.蜜饯/ 154
2.磨斋/ 154
（九）定南美食 / 155
1.炸油果/ 155
2.水汤皮/ 155
3.酸酒鸡/ 156
（十）寻乌美食 / 156
1.蜜橘/ 156
2.寻乌水柿/ 157
（十一）安远美食 / 157
1.客家酿豆腐/ 157
2.黄酒/ 158
3.假燕菜/ 158
（十二）会昌美食 / 159
1.辣椒/ 159
2.酱干/ 159
（十三）瑞金美食 / 159
1.米酒/ 159
2.酒糟鱼/ 160
3.壬田豆腐/ 160
4.芋子饺/ 161
5.牛肉汤/ 161
（十四）宁都美食 / 162
1.黄糍/ 162
2.麻糍/ 163
3.肉丸/ 163
（十五）石城美食 / 164
1.莲子/ 164
2.牛心柿/ 164
3.烤烟/ 165

4.茵陈茶/ 165
（十六）于都美食 / 166
1.烧卷子/ 166
2.柿饼/ 167
3.禾丰珍珠粉/ 167
4.芋子薯粉饺子/ 168
（十七）兴国美食 / 168
1.米粉鱼/ 168
2.鱼丝/ 169

第五章　住在赣州——舒适安心

一、锦江国际酒店 / 172
二、格兰云天国际酒店 / 173
（一）中餐 / 174
（二）西餐 / 174
三、汇康大酒店 / 175
四、白云大酒店 / 175
五、天悦酒店 / 176
六、唐苑大酒店 / 177
七、逸豪酒店 / 178
八、南康国际大酒店 / 179
南康国际酒店——客家人的大“家” / 179
九、宝辉酒店 / 180
十、九成山舍酒店 / 182

第六章　购在赣州——时尚古韵

一、旅游纪念品 / 186
1.文房四宝/ 186
2.白梅石艺/ 186
3.赣州旅游五大名片盘饰/ 186
4.清明上河图酒具/ 187
5.客家风/ 187
6.稀土陶瓷工艺产品/ 187
7.七里窑产品/ 187
二、旅游土特产 / 188
1.野生红菇/ 188
2.沙地板鸭/ 188
3.黄元米果/ 188
4.甜柚/ 189
5.花生巴/ 189
6.红瓜子/ 189
7.信丰脐橙/ 190
8.石鱼/ 190
9.玉兰片/ 190
10.齐云山南酸枣糕/ 191
11.赤水仙系列茶/ 191
12.南安板鸭/ 191
13.蜜橘/ 192
14.黄酒/ 192
15.酱干/ 192
16.莲子/ 192
17.鱼丝/ 193

第七章 娱在赣州——欢愉无限

一、赣州生态旅游节 / 196
（一）赣州脐橙节 / 196
（二）客家生态文化旅游节 / 196
（三）龙南客家围屋文化旅游节 / 197
二、传统娱乐项目 / 199
（一）赣南采茶戏 / 199
（二）赛龙舟 / 199
（三）赣南客家舞龙灯 / 200
三、主要文化娱乐场所 / 201
（一）赣州市博物馆 / 201
（二）赣州自然博物馆 / 201
（三）赣州市图书馆 / 202
（四）赣州市中影国际影城 / 204
（五）赣州市银河欢乐影城 / 204
（六）赣州休闲娱乐城 / 205

附录

附表 1：赣州市交通设施一览表 / 206
附表 2：赣州市旅行社一览表 / 207
附表 3：赣州市特色餐饮一览表 / 209
附表 4：赣州市星级酒店一览表 / 212
附表 5：赣州市旅游休闲场所一览表 / 215

赣南因位处赣江上游、江西南部，并于清康熙年间和民国初先后置分巡赣南道和赣南道，故俗称赣南；因宋代分设南安、虔（赣）州两个行政区，故简称南赣；因隋开皇九年（589 年）改南康郡为虔州，故又称虔州；南宋绍兴二十三年（1153 年）以“虔”字为虎头，虔州号“虎头城”，非佳名，诏改虔州为赣州，取章、贡二水合流之义，赣州名始于此。赣州历来为江西省第二大城市、省域副中心城市，是江西三座国家历史文化名城（南昌、景德镇、赣州）之一，同时也是江西政治、经济、商业、文化、科教亚中心城市。赣州处于东南沿海地区向中部内地延伸的过渡地带，为赣、闽、粤、湘四省边际现代化区域性中心城市。赣州是中国东南沿海两个最发达经济区：珠三角经济区和海西经济区在中部最大、最近的共同腹地，中部地区承接东南沿海产业转移第一城。赣州素有“客家摇篮”“脐橙之乡”“世界钨都和稀土王国”“风水发源地”“中华苏维埃共和国临时中央政府的诞生地”

CHAPTER 1

梦回赣州

——千年古韵

等美誉。赣州历史悠久，从汉高祖六年（公元前201年）设置县治以来，至今已有2200多年历史，自古以来就是沟通赣、湘、闽、粤的江南重镇，历代为郡、州、路、道、府的治所。宋、元、明、清时期，这里“商贾如云，货物如雨”，是全国36个城市和44个经济中心之一。赣州历史上最辉煌的时期是宋代，其辉煌得益于由长江、赣江、章江、浈江、珠江共同构成的“南方水上丝绸之路”。宋朝时期的赣州，因水路发达、资源丰富、经济繁荣，成为当时全国36座名城之一。梅关古驿道是“南方水上丝绸之路”的咽喉。它建于公元716年，由唐代宰相张九龄奉命率工匠耗时两年扩展而成。驿道源起大余县城，翻越梅岭直到广东省南雄市，全长约40千米，是沟通长江与珠江水系的陆路中转枢纽。今天的梅关古驿道专指梅岭一段，约有2.5千米，它历经千年沧桑，是国内罕见的江西省保留最完整的古驿道。

一 寻历史古迹，览千年宋城

秀美赣州城，悠悠古城梦

漫步在赣江的源头，流连于客家的深巷，其间的一物一景无不记录着历史的印迹，散发出古城的芳香。正是本着对这座历史文化名城负责任的态度，赣州引以为豪的众多文物古迹才得以完整保存，历久弥珍。宋代古城墙、巍然壮观的八境台、郁然孤峙的郁孤台、完整壮观的文庙、艺术宝库通天岩、蒋经国旧居，都是赣州文化价值古今传承的代表作，这些保存完好的文化精粹，饱含珍贵的历史记忆和风俗人情，赋予赣州独特的城市魅力。

建春门浮桥全长约400米，屈指数来已有900多年的历史。当然，构成浮桥的船只和上面铺设的木板历经更换，已经是崭新的了。以前，这座浮桥是沟通贡江两岸的必由之路，今天，它仍在发挥余热，但如今人们更看重的应该是它所传承下来的人文价值。

夕阳西下，暮色渐渐笼罩了江城，三五成群的市民和游人在江岸边、在浮桥上悠闲地散步，江水在夕阳映照下泛起无数金波，碧波荡漾的无边美景使人沉醉。从古到今，这江水见证了多少刀光剑影、血雨腥风，更有那朝代的往复更替。眼前和平静谧的景象，值得人们长久地珍惜。

如果说浮桥是水上绝美的风景线，那古城墙则是岸边静卧的长龙。同世界历史上一些剽悍蛮横的国家相比，自称礼仪之邦、算不上好斗的中国，却是个不乏城墙的国度。古老壮观的北京万里长城，恢宏雄伟的南京城墙、西安城墙，古朴精美的荆州城墙、平遥城墙这，一处处古建筑大名真是如雷贯耳。论起城墙，似乎怎么也数不到赣州。你若真这样认为，就孤陋寡闻了，现在全国较完整地保留下来的宋代砖城墙，就在赣州。

宋城墙全长3664米，以其高低逶迤之势与秀丽江水形成美妙反差。清晨漫步在古朴蜿蜒的城墙上，只见城外一江清流，远处山间田舍烟云缥缈，近处街坊鳞次栉比，让人感到犹如置身于一幅美丽的《清明上河图》之中。临近城墙的一排街铺被修整一新，一家家各具特色的风味饭店高调地亮出自己的招牌。店内洋溢着浓郁的客家风情：木头制作的方八仙桌、长条板凳，菜式味道偏辣。

烟雨长廊的雕栏画栋，绿荫长街的挑檐飞阁，无不令人陶醉。走进改造后的文清路，宛如步入了时间隧道，瞬间穿越回大宋王朝……

绿荫下，裙楼朱柱，披檐斗拱，琉璃黛瓦，粉壁门楣马头墙，隔扇灯笼中国结，如此真切，处处洋溢着宋代的气息。雨雾中，流光溢彩的节能霓虹灯，繁星闪烁的太阳能水晶灯，火树银花的低耗能雪花灯，倒影清晰，处处流动着现代都市风情。宋代风韵伴着现代浓郁的都市气息，构成了一幅流光溢彩、绚烂多姿的立体画卷。这不禁令人想起北宋词人柳永笔下描绘的“烟柳画桥，风帘翠幕，参差十万人家”的繁华都市。

游遍赣州城，仿佛做了一个百转千回的古城梦，梦过浮桥，梦过古城墙，梦过文清路，还有那能眺望“赣州八景”的

八境台、藏有诸多艺术珍品的通天岩……那一个个画面如一张张年代久远的胶片在脑海中浮现，刻画出只属于那个时代的记忆划痕，缠绕几个世纪的风尘与变迁。

1.郁孤台下清江水，中间多少行人泪 >>>

创建年代史籍未详载，但距今最少有1200多年的历史。清同治《赣县志》记载："郁孤台，在文笔山，一名贺兰山，其山隆阜，郁然孤峙，故名。唐李勉为州刺史（江西观察史），登台北望，慨然曰：'余虽有不及子牟，心在魏阙一也，郁孤岂令名

郁孤台

乎？’乃易匾为望阙。”宋绍兴十七年（1147 年）仍谓之郁孤台，并在台北增建望阙台。沧海桑田，郁孤台屡经废兴。清同治九年（1870 年）重建。1959 年修复。1982 年 3 月拆除。1983 年 6 月在原址大致按清代格局重建，次年 9 月建成。台建有三层，高 17 米，系仿木钢筋混凝土结构，占地面积为 300 平方米。著名书法家、原全国书法协会主席舒同为其题写匾额。

名人题咏郁孤台

北宋绍圣元年（1094年），苏东坡因反对王安石变法被朝廷贬谪到岭南的惠州，在赣州逗留期间，游览郁孤台，身临“掰开章贡江流去，分得崆峒山色来”之景，诗兴大发，写下了《过虔州登郁孤台》：

八境见图画，郁孤如旧游。
山为翠浪涌，水作玉虹流。
日丽崆峒晓，风酣章贡秋。
丹青未变叶，鳞甲欲生洲。
岚气昏城树，滩声入市楼。
烟云侵岭路，草木半炎洲。
故国千峰处，高台十日留。
他年三宿处，准拟系以舟。

南宋咸淳十年（1274年），文天祥任赣州知州。任职期间，文天祥登临郁孤台，忧国忧民之情涌上心头，遂吟《郁孤台》一诗：

城廓春声阔，楼台昼影迟。
并天浮雪界，盖海出云旗。
风雨十年梦，江湖万里思。
倚栏时北顾，空翠湿朝曦。

郁孤台

地址：赣州市章贡区西津路，位于赣州城区西北隅的贺兰山（俗称田螺岭）上

门票：15元/人

交通：从火车站、汽车站乘5路公交车建国路站台下

咨询电话：0797-8293466

在题咏郁孤台的众多诗词中，尤以南宋爱国大词人辛弃疾的《菩萨蛮·书江西造口壁》一词最为著名，传诵千古。辛弃疾于淳熙二年（1175年）在赣州就任江西提点刑狱。同年，他写下这首“慷慨纵横，有不可一世之慨”的词：

郁孤台下清江水，
中间多少行人泪。
西北望长安，
可怜无数山。
青山遮不住，
毕竟东流去。
江晚正愁余，
山深闻鹧鸪。

1965年6月，当代大文豪郭沫若先生登台游览，曾留词一首，为郁孤台增添了新的意境：

郁孤台下三江水，人民血汗非清泪。
遍地尽杉松，泱泱绿化风。
十年树木计，前景在眉睫。
决战胜天公，江流不再红。

2.壮观秀美——八境台 >>>

八境台位于江西省赣州市城北的章水和贡水合流处，是赣州古城的象征。八境台共有三层，系仿古建筑，全台高28.5米，总面积为574平方米。飞檐斗拱，画梁朱柱，雄伟壮丽。据史料记载，八境台原本为石楼，为北宋嘉祐年间（1056—1063年）孔宗翰所建。孔宗翰是山东曲阜人，孔子第四十六代孙。他鉴于“州城岁为水啮，东北尤易垫圮”，于是“伐石为址，冶铁锢基”，将土城修葺成砖石城，建城楼于其上。八境台建成后，孔宗瀚绘图请苏东坡题诗。苏东坡遂作《虔州八境图八首

八镜台

地址： 位于赣州市章贡区东北角，坐落在江西省赣州市北八境公园内

门票： 20元/人

交通： 从火车站、汽车站乘5路公交车在八境路站台下

咨询电话： 0797-8292285

并序》《八境图后序》。前一首诗中，苏东坡在中国历史上首次提出了城市八景的概念，其描绘的一组旅游胜境为后世所模仿，如燕山八景、沪城八景、香港八景、台湾八景等，不失为中国旅游文化的一个里程碑。

八境台内还设有赣州博物馆，馆内展出的历史文物颇为丰富，台下辟为八境公园。园内绿树苍茫，碧水微荡，楼亭对峙，清新幽静，景色如画。八境台距今已有近千年的历史了，登上此台，赣州八景一览无余，所以取名为“八境台”。

3.古朴逶迤——古城墙 >>>

据史料记载，赣州古城墙是唐末客家人卢光稠扩城后奠基的，当时是土城，后来因江水年年灌城，到了北宋嘉祐年间（1056—1063年），孔宗翰任赣州知州，开始用砖修筑城墙。现在全国还有不少保存较好的古城墙，如西安、南京、荆州、安徽寿县等，但是这些地方的砖城墙都是明代洪武年间以后建的，包括北京的万里长城。明代洪武年间，皇帝朱元璋提出“高筑墙、广积粮、缓称王”的策略，下令各州、县筑城墙，现在全国各地保留下来的城墙都是那时兴建的，唯独赣州的城墙是北宋的，这是一份宝贵的历史文化遗产。

后来经过南宋、元、明、清、民国时期，历时900多年的不断修缮、加固，使其形成了一道周长为6500米的高大雄伟的古城墙，护城河、墙垛、城楼、警铺、马面、炮城等设施齐全，整个城池共有西津门、镇南门、百胜门、建春门、涌金门5座城门，前3座城门还有二重或三重瓮城。

清朝咸丰年间，朝廷为了防止太平军攻城，又在赣州城的主要交通要道口兴建了东门、小南门、大南门、西津门、八境台5座炮城。赣州因城池非常坚固，又有江水相助，易守难攻，

赣州古城墙

有“铁城赣州”之称。历史上，太平军两次攻城，中央苏区时期红军六次攻城，都没有攻破。现在保留下来的城门还有北门、西津门、建春门、涌金门4座；保存完好的炮城有八境台和西津门炮城；古城墙有3600米。这些古城墙、城门不仅成为今天的游览景点，而且至今还在为赣州的防洪工作发挥着重要的作用。

地址：江西省赣州市章贡区
门票：10元/人
交通：在火车站坐1路公交车可到达
咨询电话：0797-8176838

4.千年浮桥——赣州一绝 >>>

赣州古浮桥，学名叫惠民桥，又称东津桥、东河浮桥。浮桥长约400米，由100多只小舟板并束之以缆绳相连而成，始建于宋乾道年间（1163—1173年），至今已有800多年历史。古浮桥由知军洪迈所建，连接章江的两端，每天定时开启，以便来往商船通行。

江西赣州城区三面环水，因为河面较宽，河两岸往来主要靠渡船。宋代赣州经济有了较大发展，为了方便对外沟通，就在章、贡两河上先后建造了东河、西河、南河三座浮桥，以沟通城乡。新中国成立后，西河、南河浮桥因修建公路大桥而被拆除，在20世纪80年代被现代公路桥梁所替代，只有这座建春门浮桥，作为全国历史文化名城的一大景观，被特意保存了下来，至今还在为赣州市民服务。东河浮桥就成了现今赣州市的“国宝”级文物。

据史料记载，赣州古浮桥始建于南宋时期，建造者是一位历史文化名人，叫作洪迈，他是江西鄱阳人，在赣州当过知军。他著有《容斋随笔》，是唐宋笔记中规模最大、影响甚深的一部笔记。眼前的这座浮桥全长400米，用了100只小船拼接而成，每3只为一组，整座浮桥分为33组，用缆绳把它们连接起来，再用钢缆、铁锚将其固定在江面之上。赣江水运繁忙的时候，浮桥每天早上9:00和下午16:00都要开启一次，让船只通过。过去在很多临江的城市都有浮桥，如今在其他城市已不多

地址：位于赣州市章贡区东北部
交通：从火车站、汽车站乘5路公交车在建春门站台下
咨询电话：0797-8176838

见了。这一古老的交通设施，在赣州已沿用了800多年，构成了赣州这座历史文化名城特有的人文景观。桥的那一头是城郊农村，还有一些工厂。夏天的傍晚，有不少赣州市民到这浮桥下游泳。晚上有不少人到浮桥上纳凉，一些青年男女还喜欢到这里谈情说爱。

近千年的浮桥成为赣州人民的骄傲。每当踏上浮桥，不仅能强烈地感受到古朴的历史，古老的赣州人民勤劳智慧、追求科学创造、崇尚发明创新的精神，还可以在桥上欣赏到赣州古浮桥的风光集萃，河边洗衣女美丽的背影，钓鱼翁的英姿，城里人、乡下人进进出出，骑摩托车的、推自行车的、挑担的、背小孩的、走亲戚的、上学的人交织在一起，形成一幅幅美轮美奂的图画。这座拥有800多年历史的浮桥，不知经历了多少腥风血雨、战火硝烟。新桥变旧，旧桥换新，修修补补，历尽沧桑，似一位不屈不挠的老人，昂首屹立在章江边，与古朴逶迤

赣州古浮桥

的古城墙、壮观秀美的八境台、雄伟沉重的涌金门一道，伴随着赣江的涛声，造福赣州人民，成为连接城乡的纽带，作为赣州市一道特有的风景线，被誉为“赣州一绝”。

5.岁月风韵——灶儿巷 >>>

灶儿巷，是赣州保留下来的众多历史文化街巷的一个典型代表。因为古时很多衙役住在这里，而衙役统一穿的服装是黑色服装，叫皂色，所以有人把他们叫作皂役。他们住的地方就叫作“皂儿巷”，后来谐音就变成了“灶儿巷”。

灶儿巷牌坊

地址：位于赣州市章贡区和平路东面
交通：从火车站、汽车站乘5路公交车赣一中站台下
咨询电话：0797-8238062

灶儿巷位于赣州市老城区的东部，全长227.3米，呈不规则路径。明代称其为姜家巷，街区保留了清代以后客家民居的完整风貌。灶儿巷建筑风格多样，保留在这条巷子里的主要建筑有店铺、作坊、宾馆、钱庄、衙署、民居等。建筑风格包涵赣南客家建筑、赣中天井式建筑、徽州建筑以及西洋式建筑等流派的风格，体现出城市建筑的多元性。临街的牌坊古朴庄重，鹅卵石路面井然光洁，风火山墙错

灶儿巷

落有致，灰塑门楼古香古色，传统门楼高大气派，深宅大院气势非凡，这些都展现了灶儿巷诱人的风韵。这是一条典型的古城街——宋石、明砖、清瓦垒叠起一段段逝去的沧桑岁月，飞檐、花楣、雕窗泛映着一个个残旧的光荣梦想，鹅卵石拼成的巷路上，一个个“明钱”的图案仿佛把时光截留在那个木屐踢踏作响的时代，让上了岁数的人一走近就陡生亲切与怀想。

6.名人古迹——蒋经国故居 >>>

蒋经国旧居，位于江西省赣州市章江河畔古城墙旁花园塘 1 号，“广福禅林”寺院的西边僧房的后面，共有 3 间，依岩洞而建，紧挨古城墙。故居是 1940 年由蒋经国主持兴建的仿俄式砖木结构建筑，面积为 170 余平方米，其平面呈“凸”字形，鱼鳞板墙，

蒋经国故居

地址：位于赣州市章贡区章江河畔古城墙旁
门票：15元/人
交通：从火车站、汽车站乘 5 路公交车在建国路站台下，往市公安局方向直走即到
咨询电话：0797-8293466

蒋经国故居

板瓦屋面。1939 年 6 月至 1945 年 2 月蒋经国先生在赣州任江西第四行政区专员期间，与夫人蒋方良及儿子蒋孝文、女儿蒋孝章居住于此。蒋经国曾在这里接待过张治中、白崇禧、雷洁琼，以及美国代表、苏联顾问等各方人士。

1937 年初，在苏俄历经“冰天雪地十三年”磨炼的蒋经国，携妻带子，辗转回到浙江溪口老家。1938 年，应江西省主席熊式辉之邀，赴南昌出任省保安处少将副处长、新兵督练处长。1939 年，日军逼进南昌，新兵督练处迁往江西赣州，蒋经国转任赣南行署专员，直到 1945 年初。旧居内有一块“有功文教”的木匾，是蒋经国书赠给江西安远县黄政绩先生的，黄政绩因为捐款 1 万元，修建了安远中学，蒋经国觉得他慷慨热心，所以题写了这块匾赠给他；《新赣南家训》是蒋经国当年在赣州的时候，根据传统的启蒙读物《诸子家训》的格律和韵文写的，当时他要求每个人都会读，要求读书人都能背诵，赣州很多老人现在还能背出这首《新赣南家训》。

目前，该建筑保存完好。现旧居内陈列有蒋经国在赣南的主要事迹、蒋氏夫妇卧室、3个保姆及孩子的寝室。蒋经国当年用过的办公桌就陈列于其办公室，有一株蒋经国于1941年亲手种植的白玉兰树，至今保存在庭院内。1988年，蒋经国故居被列为赣州市文物保护单位，到这里参观、旅游的国内外游客络绎不绝。

二 看遍古城现代风光

（一）城市中央公园

赣州城市中央公园是一个综合性生态公园，位于赣州市章江新区中央金脊中部，规划中的益光南路南侧，距黄金机场东南侧约有550米（现章贡区水南镇长塘村与高楼村交界处）。公园已种植大叶榕、樟树、八月桂、山茶等乔灌木80余种，营造出“森林公园”的景观效果，是人与山水和谐相处的自然景观。水源以收集雨水为主，以抽提章江地表水或抽取地下水为辅。水系西起中央公园，跨越规划中的发展大道，向东南方向延伸至章江黄金岛附近（现赣南师范学院专科部对面）。项目总用地面积为747亩，其中，中央公园面积515亩（含水面面积336亩、绿地面积179亩），水系面积有232亩（含水面面积58亩、绿地面积174亩）。

地址： 章江新区商务中心区域
交通： 坐28路公交即可到达
咨询电话： 0797-8176838

（二）赣州文庙

文庙，是纪念我国伟大思想家、教育家孔子的祠庙建筑，在历代封建王朝更迭中又被称作文庙、夫子庙、至圣庙、先师庙、先圣庙、文宣王庙，尤以文庙之名更为普遍。 由于孔子创立的儒家思想对于维护社会安定所起的重要作用，历代封建王朝统治者都对孔子尊崇备至，以至于把修庙祀孔作为国家大事来办，到了明、清时期，每一州、府、县治所都建有孔庙或文庙,其数量之多、规制之高、建筑技术与艺术之精美，在我国古

文庙

代建筑中，堪称最为突出的一种，也是我国古代文化遗产中极其重要的组成部分。

地 址： 江西省赣州市章贡区厚德路42号
门 票： 15元/人
交 通： 从火车站、汽车站乘5路公交车赣一中站台
咨询电话： 0797-8238062

（三）世界之最——赣州和谐钟塔

和谐钟塔，位于赣州市章贡区水东镇虎岗村正在施工的大桥东岸引桥的南侧。钟塔拥有四个直径达12.8米精巧大气的钟面。这座世界上最大的机械钟，从英国运至赣州市，安装在该市位于赣州大桥的东岸、总投资2.9亿元人民币的和谐公园内一座113米高的“和谐钟塔”上，此塔将取代

赣州和谐钟塔

英国伊丽莎白塔，成为世界上最大的机械钟塔，并创下了多项世界第一的纪录。

地址： 位于章贡区水东镇虎岗村正在施工的大桥东岸引桥南侧，是一座以观光钟塔为核心，包括城市景观绿地、历史文化陈列区、欧式风情街区和接待中心区，是集文化性、开放性于一体的综合主题公园

门票： 60元/人

交通： 到南门广场坐106路公交车，在虎岗小学下车，就能看见和谐钟塔了

咨询电话： 0797-8176838

（四）赣州市自然博物馆

赣州市自然博物馆位于章江新区 F14 地块（赣州城市中央公园西南侧），总建筑面积为 27950 平方米，系框架及钢结构，含地下室一层、地上四层，地上建筑最高为 23.9 米，总投资约 2 亿元（不含土地划拨及拆迁等费用）。该博物馆由植物馆、恐龙馆、植物园、人与自然地球起源厅、自然体验空间、动物海洋生物展厅、古生物展厅、图书阅览室、赣州综合展厅、互动区、大座报告厅含（含 351 座）、小座报告厅（含 172 座）及藏品库

赣州市自然博物馆

等组成，集科普教育、旅游服务、标本收藏、学术研究等功能为一体。赣州自然博物馆将成为全国第 9 家地级市设立的综合性自然博物馆，同时也是我国华南地区首家综合性一流的自然博物馆。

地址： 赣州自然博物馆位于章江新区F14地块（赣州城市中央公园西南侧）
交通： 坐135路公交车即可到达
咨询电话： 0797-8176838

（五）宝葫芦农庄

赣州宝葫芦农庄地处赣州市章贡区水西镇赤珠、湖边镇石人前之间，占地面积为1300余亩，紧靠105国道，距市区3千米，交通便利，地理位置优越，是一座具有郊外田园风光、浓郁乡村气息的现代绿色生态农庄，也是江西省唯一的葫芦主题公园，是国家AAAA级旅游景区。

宝葫芦农庄在赣州市委、市政府以及社会各界的大力支持和关怀下，本着“生态环境、优质服务、顾客至上、开拓创新”的宗旨；经过不断开发、建设和完善，现已完美整合为六

宝葫芦农庄

地址： 地处赣州市章贡区水西镇赤珠、湖边镇石人前之间
星级： 国家AAAA级旅游景区
门票： 10元/人
交通： 从火车站、南门广场坐18路到宝葫芦农庄
咨询电话： 0797-8256868

大区域（即生态农业观光区、娱乐区、垂钓区、动物园区、休闲度假区和别墅区），在可持续发展理念的指导下，取得了良好的社会效益和经济效益。宝葫芦农庄先后获得了“全省园林化单位”、现代“赣州八景”之一、“江西乡村游十大最美景点”、“江西乡村游最佳人气指数奖”以及“江西十大特色美景”等称号。宝葫芦农庄集休闲娱乐、旅游观光、举办商务会议等功能于一体，在这里你可以体验到三环过山车的疯狂和刺激；你可以在马背上叱咤风云；你可以在池塘边垂钓碧波；你可以在水上乐园尽情冲浪；高高的摩天轮能让你将宝葫芦风光如画的景色一览无余；童趣盎然的小博士乐园让孩子们充满欢声和笑语；在美丽的西湖里荡起双桨更使人心旷神怡……景区内近百个娱乐项目让您流连忘返。总之，这里是欢乐的海洋，是休闲的港湾，是回归自然、放飞心情的好地方。

（六）风光旖旎——通天岩

通天岩位于赣州市西北郊，距市区约 10 千米，是全国重点文物保护单位。通天岩由摩沙岩石山组成，多为天然岩洞。因其一岩洞顶有一窍，相传上可通天，故而得名。此地主要有通天岩、翠微岩、同心岩、忘归岩、广福寺、玉水池、一滴泉、玉岩亭、惜春亭和群玉阁等十几处景点。通天岩系我国南方古艺术的宝库之一。它以江西最大的石龛造像群而著称，共有石龛 279 座、石刻造像 359 尊。石刻造像均为佛像神祇，多属唐宋时期作品。这些造像神态各异，精致俊美，栩栩如生，是古石雕艺术中的瑰宝。通天岩现存古刻 128 品，居江西省名山胜景古刻之首。其题刻字体丰富，刻工精美，是古石刻书法中的珍品。这里岩深谷邃，幽泉涓涓，古木参天，冬暖夏凉，为赣南游览和避暑胜地。

自唐代以来，风光旖旎的通天岩就被开创为石窟寺。至北宋时期，通天岩石窟造像的开创达到了高潮。尽管与我国众多的石窟比较，通天岩石窟造像的分布范围，石龛的体积、数量以及造像尺度、规模都不算大，但相对而言，它却是我国南方最大的一处石窟。同时，它又是我国地理位置最南端的一处石窟群，因此被誉为“江南第一石窟”。通天岩现保存着唐宋时期以来摩崖造像358尊，北宋至民国时期的题刻128品，通天岩是一座珍贵的石窟艺术宝库。

1.情苑 >>>

人间真情包含兄弟情、夫妻情、同志情、恋情、爱情等等，风动石的门楼从风动、石动到心动、行动，将人间各种情在通天岩的情苑里演绎出来。相伴着蓝天、白云和芳草，仰卧在草地上,您可以尽情享受大自然的美丽。“鸳鸯戏水”“心心相印”“丘比特神箭”“情窦初开”等一组组生机勃勃的植物艺术造型带给您星星点点的回味，任您陶醉、感怀和遐想。此外，在情苑的绿草地上,矗立着 9.99 米高的滴水观音,正接受天下众生的祈盼。

2.龙凤苑 >>>

龙凤苑与情苑相连，是新石器时代的遗址，考古工作者曾在此采集过石斧、石锛、石镞和料石，以及打制石坯后抛弃的石料残片，还有篮纹、绳纹等纹饰的印纹陶片，这证明早在4000多年前，通天岩就已经有了人类的活动。

龙凤苑高坡处，坐落着高12.99米高的如意塔，塔上雕刻着佛教“风、调、雨、顺”四大天王。

3.观心岩 >>>

进入景区山门，沿着青片石铺就的石径，踏汀步、绕水塘、登石级，穿过一条幽静的山谷，眼前豁然出现一个僻静的洞窟。这里林木茂盛，道路崎岖，是明代著名哲学家王阳明先生的讲学之处。此处大洞套小洞。小洞内，阳明先生正在给其弟子陈九川、邹守益讲授他的“致良知”，要求学生强调自我修身，并断言“万事万物之理不外乎吾心”“心明就是天理”，所以后人把他讲学之处叫作“观心岩”。

王阳明又名王守仁，是浙江余姚人，明代著名的理学家。正德十一年（1516年），王阳明任右佥部御史，巡抚南、赣。当时，王阳明在赣南平定“宸濠之乱”。闲暇之时，曾在观心岩结庐讲学，收邹守益等23人为弟子。他在赣州讲学期间，为宋明理学的发展奠定了理论基础。

4.忘归岩 >>>

沿石级而行，山腰有一处风化剥落而成的丹霞穿洞，盛夏时节，游人行至此处，但觉清风徐徐，疲惫顿消，令人乐不思归，故题名为“忘归岩”。

在忘归岩左侧陡峭的山壁上有一品巨大的题刻，这品题刻高3.5米，宽2.3米，出自南宋李大正之手，气势磅礴，如日月行空。李大正是南宋福建建瓯人，与辛弃疾交往甚厚，曾在赣州任提点坑冶一职（管铸造钱币的官）。

在整个忘归岩题刻中，要数明代理学家王阳明先生的这首五言诗最有价值了。这首诗是这样写的：“青山随地佳，岂必故园好，但得此身闲，尘寰亦蓬岛。西林日初暮，明月来何早，醉卧石床凉，洞云秋未扫。”它既写了景，也表达了王阳明先生复杂的心理活动。

忘归岩

穿过忘归岩，眼前豁然开朗，满目翠色扑面而来，抬头仰望，但见峭壁凌空，在悬崖绝壁中，保存有题刻18品、十八罗汉像6尊。比如这尊北宋时期的“送子罗汉”，其左手支撑头部，右手托麒麟放于小腹部，左腿盘而右腿屈，是一尊能给人带来欢乐和喜庆的罗汉像。

5.龙虎岩

龙虎岩是一处丹霞洞穴，长约100米，因有金龙和双虎石雕而得名。此处刻有一尊叫龙树王的造像，龙树王是大乘佛教中观学派的创始人，金龙和双虎是其护卫神。在他的左边刻着一条金龙，金龙的后身掩在石岩之中，前爪张开像是在悠闲行走的样子；右边是两只白虎石雕，它们好像在龙树王身边玩耍嬉戏。整座雕像构成了一幅生动的《龙虎闲情嬉戏图》。在这组造像旁边的岩石上，刻着“同心岩”三个字，这是明代刘昭文题写的。当时他游通天岩，看到这组雕像后颇有感触，于岩石上慨然题下了“同心岩”三个字，以表达自己忧国忧民的思想，希望朝廷上下官员不要“龙虎相斗”，要友好相处，同心协力把国家治理好。另外山岩上这两尊降龙、伏虎罗汉像，同属于沿忘归岩一线的十八罗汉系列，都是宋代造像。龙虎岩也是通天岩景区中保存摩崖题刻最多的岩穴，共有历代名人题刻39品。其文体形式有题名、题记、诗词、造像记、吉祥文字等，内容涉及政治、历史、宗教、文化等各个方面，是研究我国书法石刻艺术和地方历史的宝贵资料。其中，有一篇游记是通天岩文字最多的题刻，全文共406个字。在这众多题刻中，宋代陈世雄的题刻具有较高的史料价值。这篇游记作于南宋绍兴期间。其时，赣南山区多次发生农民起义，而这篇游记的前半部分，记述的就是朝廷派兵镇压发生在大余县境内的一次农民起义，其时间、地点、人物都确凿可信。这对于农民战争史和赣南地方史的研究，都是一份难得的史料。

明朝万历年间的唐邦佐，在通天岩留下了3品诗文，其书法艺术具有极高的造诣。他的手迹，是通天岩摩崖题刻中的艺

龙虎岩

术精品，其书法笔力沉雄刚健，气势飘逸洒脱，融诸家之长，无论是运笔、结构，还是章法，都有独到之处。唐邦佐是浙江兰溪人，进士出身，因得罪权贵，被贬到赣州任通判（相当于幕僚、顾问这类职务，是个闲职）。此公虽才华横溢，但有一个坏毛病，就是自以为怀才不遇而目空一切，他在镌刻自己的作品时，往往是刻在比他官职大的人旁边，并将前人的题刻凿去，以发泄他的不满。这一点，颇受后人争议。

6.通天岩 >>>

石窟的中心景区——通天岩是一处天然环形山壁。

通天岩风景区包括古代石刻区和现代休闲区两部分。古代石刻区是景区的核心和精华部分，它主要是由观心岩、忘归岩、龙虎岩、通天岩、翠微岩等5个岩洞组成。

在通天岩的悬崖峭壁上，雕琢了8尊唐代的造像，是通天岩石窟最早的作品。你看这尊双手合十的观音造像，她头戴宝冠，面相丰圆，披垂肩，宝缯下垂，佩项圈臂钏，短璎珍，裙带穿环从腰际垂下，足踏莲台，虽经千年风雨剥蚀，仍栩栩如生，沈从文先生称其价值连城。著明考古学家宿白于1991年对通天岩石龛造像考察后曾作诗："早刊菩萨像，晚补罗汉群，创始云晚唐，千古映赣江。"

在悬崖峭壁中，有一组石龛造像，佛祖毗卢遮那（即大日如来）作禅定状，左边是骑狮的文殊菩萨，右边是骑象的普贤菩萨，他们面相方圆，神态庄严。由这组造像向两侧延伸的悬崖上刻有层层排列的浮雕——五百罗汉像，各个体态自然，表情各异，形成拱卫格局，气势恢宏，是北宋中期的作品。这里会集佛界艺术的精华，是佛教信徒们顶礼膜拜的场所。

南宋工部尚书胡槼（时任赣州知军）在《游通天岩》一

诗中写道："万龛石佛坐观空，安用悬崖架梵宫；纵使风雷窒岩窦，此心元自与天通。"说明通天岩早在唐宋时期就佛龛遍布、香客不断了。

7.广福禅林 >>>

在通天岩这一中心景区，还有依山而建的"广福禅林"、蒋介石打算关押张学良将军的"双桂堂"、苏东坡与阳孝本会谈的遗址"阳公祠"、"蒋经国避暑山房"等。

如今，广福禅林香客云集，前来祈福求愿的人络绎不绝。

在广福禅林的西侧，有一个"阳公祠"，原为"广福寺"禅房，为祭祀本地名人阳孝本而立为祠。

8.翠微岩 >>>

紧邻通天岩，是翠微岩，这里有宋代李大正所题"通天岩"三个字。岩窟下，相传为宋代隐士阳孝本的隐居处。岩壁之上，刻有宋代虔州（赣州）知州林颜、丞相薄宗孟和阳孝本三人唱和的诗词。这里还有通天岩年代最早的一品题刻，它雕刻于熙宁六年（1073年），距今已有900余年历史了。位于翠微岩的大肚弥勒佛造像完成于南宋，其题材特异，是通天岩摩崖造像的终曲。

通天岩石窟的摩崖造像一共可为4组，第一组是唐代末的8尊造像，位于通天岩与翠微岩相交处，开了通天岩摩崖造像之先河；第二组是北宋中期在通天岩山岩上部开凿的五百罗汉拱卫毗卢遮那组群造像，规模宏大，气势恢宏，可惜如今只能隐约见其影子；第三组是北宋后期以明鉴和尚为主施造的单龛十八罗汉像，沿忘归岩、龙虎岩、通天岩、翠微岩一线分布，是通天岩摩崖造像的精华；第四组是南宋初年赣州城内居民朱

氏施造的一尊大肚弥勒佛造像。而摩崖题刻，上起北宋，下至民国，900 余年从未间断过，最早的就是翠微岩上部正中这幅，雕刻时间为 1073 年，“莆阳陈进之率温陵林安节、杨子常、肖如晦、曾宝臣，熙宁癸丑孟春二十六日同来”。年代最近的就是忘归岩正面的“可归”二字，雕刻时间为 1948 年。

往前走，有两条路，一条是上山顶往东，到望江亭；另一条是一直往西，到现代休闲区。山巅的望江亭，在明代叫“元武殿”（俗称“雷公殿”）。1963年重建时，改成仿天坛形式的三层楼阁。1964年，我国著名戏剧家田汉视察赣州市，将其题为“群玉阁”，游人登阁远眺，但见“赣江如带、群山若瓜、瓠蔓引烟、气迴薄隐”，一派山川秀色尽收眼底。

9.现代休闲区 >>>

从汉代灌婴筑城、晋代高琰迁城，到唐代卢光稠扩城，有唐代佛教高僧马祖道一、中国风水术的祖师杨筠松、历史上唯一到过赣州的皇室要人隆祐太后、北宋大文学家苏东坡、隐居通天岩二十余载的北宋名士阳孝本、散文名篇《爱莲说》的作者周敦颐、南宋抗金名将岳飞、赣州籍状元池梦鲤、明代理学大师王守仁、《菩萨蛮》的作者辛弃疾、《过零丁洋》的作者文天祥……众多栩栩如生的造像映入你的眼帘，仿佛向你讲述着一部赣州的历史沿革，更加深了你热爱家乡的情感！

龙凤苑高坡处，坐落着一座12.99米高的如意塔，塔上雕刻有“风、调、雨、顺”四大天王。

随着旅游事业的发展，通天岩景区又建了生态迷宫、喷水叠泉、嬉水旱泉、人生荟萃园、通

地址： 赣州市水西镇赤柱乡
星级： AAAA
门票： 60元/人
交通： 从火车站、南门广场乘18路公交车直达景区
咨询电话： 0797-8334418

天柱、百米长廊、十二生肖园等一批游乐休闲景点。

（七）客家风情——五龙客家风情园

五龙客家风情园位于赣州市东南部，与赣县客家文化城隔江相望，占地面积为1380亩，其中含水面面积300亩、绿林800亩，是由江西淦龙集团投资开发的一个以生态为主题，以客家为品牌，以龙文化为底蕴，集休闲游乐、旅游度假、会展科教、青少年道德培训等多功能为一体的旅游胜地。

走进五龙客家风情园，一派湖光春色，鸳鸯戏水，老树高墙倒映在湖面，美丽的景致让游人放慢脚步。来到此处，你会发现处处是山水，处处有风景。看天，行云如水；看山，山随水走，山黛如碧倒映水中，让人流连忘返。登上了龙腾阁远望，五龙客家风情园尽收眼底。龙腾阁漆壁釉瓦，雕梁画栋，入眼皆是一派仿古的建筑。这里的竹艺根雕、奇石书廊让游客赏之如同进入艺术大观园，令人文思涌动。从龙腾阁鸟瞰全园，你会发觉4栋奇异的建筑一字排列，那是中华文化之瑰

五龙客家风情园

五龙客家风情园园景

宝——客家围屋，这里按1：1的比例建有龙安围（仿福建永定土楼）和龙居围（仿广东梅州围笼屋）、龙汇围（仿江西燕翼围）和 龙庆围（仿江西关西围）。

地址： 赣州市沙河大道18号

星级： 4A级旅游风景区

门票： 10元/人

交通： 乘127路、19路公交车在转盘处下车左转到达五龙客家风情园，7路直达五龙客家风情园大门

咨询电话： 0797-8186669

CHAPTER 2

游在赣州

——山美水美

一 赣县景点

（一）客家文化城

客家文化城位于江西省赣州市赣县县城的东南面，南依透迤而过的贡江水，对望风水祖师杨救贫的隐居地——杨仙岭，远眺赣南名山——峰山，山、水、城相互映衬，是一个得天地之灵气的风水宝地。

文化城于 2003 年 9 月开工，2004 年 10 月竣工。整体设计外方内圆，整个建筑风格既秉承了传统文化建筑理念，又结合了浓郁的地方人文特色，它集祭祀庆典、文博展览、商贸活动、休闲娱乐为一体，是国内目前规模最大、功能最全的客家文化建筑群，可谓客家文化之荟萃，是一座展示客家文化的“大观园”，也是客家人的“精神家园”。

文化城是世界客属第十九届恳亲大会的重要参观点之一，中国（赣州）客家文化节主会场，中国客属第三届恳亲联谊大会主会场。城内包括客家宗祠、太极广场、杨公祠、艺术长廊、客家博物馆、风情街等主要景点。

1.客家宗祠 >>>

一进门楼便是广场，正前方百十步处就是客家宗祠。客家宗祠是为世界客家儿女寻根祭祖而建。占地面积达3381平方米，建筑面积达2161平方米。宗祠分为前、中、后三进厅。前厅为客家文化展，从写着“客家宗祠”的正门而入，首先映入眼帘的便是俗称“客家第一福”的“福”字。从“客家第一福”侧面转入便是前厅，前厅四壁挂有名家字画，如客家人物画、客家山水画，字有对联，如客家谚语，均展现了客家文化。中厅为客家族谱展厅，厅正中立一匾，介绍客家谱牒的情况。左右两侧摆着众多木柜，里面存放了客家100多个姓氏之族谱，供游人览阅。后厅则为谒祖厅，厅正中是客家宗祖像，宗祖像前方有一个香炉，供游人焚香谒拜之用。客家宗祖像两侧则是各姓氏宗祖之牌位，牌位前有电子香炉，香火常明不熄。

2.济和塔 >>>

客家宗祠右侧有塔，塔分为九层，塔名为“济和塔”，塔与四周的花草石椅构成一景，甚美。在“济和塔”一侧，有序地排列着一排石柱，石柱上刻着浮雕，石柱底座上刻的字介绍了各个时期客家先民南迁之盛况。

地址： 位于赣县县城南面

荣誉： 国家4A级景区

门票： 20元/人

交通： 1.从赣州火车站、赣南贸易广场、赣州汽车站、东河大桥乘坐129公交车到赣县（县政府站），转乘赣县环城公交到客家文化城；

2.从赣州南门广场、东河大桥乘坐101公交车到赣县（县政府站），转乘赣县环城公交到客家文化城；

3.从赣州建材大市场、市行政服务中心、沙河产业园乘坐127公交车到赣县（县政府站），转乘赣县环城公交到客家文化城

联系电话： 0797-4431590

济和塔

3.客家艺术长廊 >>>

客家艺术长廊，在100米长的长廊两面，分别是客家诗墙和以长卷形式反映客家百姓生产生活的石雕，包括农事篇、节日篇、愉乐篇、生活篇等，每幅石雕的形象都栩栩如生。其中，最有意思的是一幅表现春节时小朋友放鞭炮的雕刻。画面上，在贴了对联的屋门前，两个小朋友一半蹲一站立，正兴致勃勃地放着鞭炮。那个胖乎乎的小男孩戴着虎头帽，手里拿着一支香，正小心翼翼地去点燃放在地上的鞭炮。也许是怕鞭炮点燃后炸伤自己，只见他凝神屏气，上身略微后倾，伸出手去，让手中的香刚好够着鞭炮，一副准备点燃鞭炮后撒腿就跑的样子。站在不远处观看的另一个小男孩，双手紧紧蒙住自己的耳朵，微微缩起脖子，目不转睛地盯着地上的鞭炮，随时等待着鞭炮的炸响升空……

（二）赣南客家名人公园

赣南客家名人公园（樱花锦绣公园），位于赣州市赣县县城城南新区、贡水之滨，东起赣县汶潭水厂，西至水东七里古镇，总长为5.5千米。赣南客家名人公园一期工程于2009年8月正

赣南客家名人公园入口

赣南客家名人公园风景如画

式开工建设，目前，滨江花城至七里古镇段沿江绿地（长3240米，宽50—90米，占地面积达290亩）和中心绿地部分（占地90亩）业已建成，共占地380亩，总投资达1.83亿元。赣县是有着2200多年历史的古县，是客家先民南迁进入赣南的第一站，是客家摇篮、千里赣江第一县，历史悠久，文化底蕴深厚。为弘扬客家文化，赣县将城南客家大桥至梅林大桥区域作为彰显客家文化的重点区域来打造，以“展示客家名人形象，弘扬客家文化精神”为主旨，与国家4A级旅游景区客家文化城、水东七里古镇、江西派风水鼻祖杨筠松结庐地杨仙岭融为一体、首尾呼应，园内各类建筑物都被赋予了鲜明的客家文化特色。园内主要规划建设了“一祖、四园、两堂、一阁、一址、一第”，以鲜活的人物雕塑形象、风韵独具的客家建筑艺术形式和大量翔实的史料史迹，呈现了赣南籍和对赣南发展有深远影响的历朝历代、各行各业的先贤名士739人，以人物为主线将赣南古今人文历史融为一体，充分展示了赣县乃至赣南深厚的客家文化底蕴。

地址：赣南客家名人公园（樱花锦绣公园）位于赣县城南新区、贡江之滨，临赣江上游贡水、东河西城，公园从梅林大桥沿贡水西岸，顺水势而建

交通：21、K1、K2、3、5、7、9路等都可到达

咨询电话：0797-8176838

（三）马祖岩

马祖岩寺

地址：赣州市章贡区003乡道
交通：坐111路公交车
咨询电话：0797-8176838

马祖岩位于江西赣州贡水东岸，因唐代高僧马祖道一曾居于此地而得名。在宋代，马祖岩就已成为赣州著名的游览胜地了，特别是在每年的九九重阳节，来马祖岩登高的游客可谓络绎不绝。苏轼、文天祥都曾云游至此处并赋有诗赞。明万历年间，僧人悟学和他的徒弟本慧在佛日峰建马祖岩寺，香火始盛，延续数百年。马祖岩有宋代以来的石刻6处，现存4处，属市级文物。

现马祖岩已被开辟为森林公园，园内林木郁郁葱葱，鸟语花香，风景宜人，是一个人们游

马祖岩

览观光的好去处。

水东佛日峰，海拔不过263米，却是俯瞰赣州城的最佳去处。行人若伫立山巅，往西边望去，繁华的城市温柔地匍匐着，但见人家稠密，华舍连绵，城墙逶迤，门楼耸秀，船帆林立，贡水长流，三江如虹。在这里，远可窥孤郁的郁孤台、望阙台，近可见古天竺寺、江东庙，山上有茂林修竹、珍禽异兽，山下有村舍人家、田野阡陌，身边有清澈流泉、芬芳野花……马祖道一禅师置身于此等仙境，自然快乐如神仙，或独自面壁诵经，或率众共拜南祖，或放歌于山野，或纵情于川谷。于是，这座普通的山峰被注入了灵魂、注入了故事，马祖岩正是得名于此。

（四）风水宝地——杨仙岭

杨仙岭位于赣州城郊沙河镇的西北部，紧邻梅林大桥。这是一座以硅酸岩为主要地貌景观的山体。这片海拔为412米、占地4.5米平方千米的山峰，有着美丽的自然风光和深厚的文化底蕴，有山的壮美，水的灵秀，有袅袅炊烟的田园风光，有一代风水宗师杨救贫的种种传说。

杨仙岭南面是赣州龙脉起始处的崆峒山，北面是腰带水环流的赣县县城，西面是三面环水的赣州城区，高耸的杨仙岭是观察赣州古城三条龙脉的最佳点。杨仙岭以其独特的地理位置，吸引了走遍中国万水千山去寻找中华龙脉的风水宗师杨救贫在这里驻足，从而选择在杨仙岭的峰巅之上潜心研修。

杨筠松所处的时代，正是卢光稠执政的鼎盛时期，风水师杨筠松服务于当时的执政者，为赣州的城墙、城门、寺庙、官府均进行了勘测选址，杨筠松在赣南数十年风水实践的基础

杨仙岭

上，逐步完善了中国古代的风水体系，创造了江西形势派的风水理论。

杨筠松创立的风水术在明清时期就闻名海内外。海外风水术士中，有50%的人自称是杨筠松的传人，这个行业的人以是赣州风水先生而自豪，他们把杨筠松敬奉为祖师爷。随着风水文化正在揭开其神秘的面纱，服务于人类的今天，有许多人走进赣州，冲着杨筠松而来，他们是来寻觅、探索赣州这块风水宝地上杨公风水理念的真谛。赣南风水在全国乃至世界都有垄断性的特色文化产业，杨筠松是赣南一块响当当的风水旅游品牌，当风水旅游正在全球悄然兴起的今天，杨仙岭也即将被开发利用。目前，已有人欲在杨仙岭投资建一座“中华堪舆文化博览馆”，还有人投资做杨仙岭旅游的综合开发。这些有识之士将以杨仙岭的风水资源为主线，把杨仙岭打造成赣州城郊一座集风水文化游、观光游、生态游、休闲游、健身游、乡村游于一体的旅游休闲中心。

杨仙岭上的杨公庙、天王殿、观音阁，曾因屡遭雷击等自然灾害而屡建屡毁。现存杨公庙里的三尊塑像（杨筠松及其两个弟子曾文、刘江东）系风水文化研究者李定信老先生于1996年首次开发杨仙岭时，重新安放于原址的。

地址：位于赣州城郊沙河镇的西北部，紧邻梅林大桥
交通：坐127路公交车
咨询电话：0797-8176838

（五）峰山

峰山古名崆峒山，呈西南—东北走向，绵延40余千米，地跨赣县、章贡区、南康市。它横亘于赣州城的南面，成为赣州城的向山、望山。峰山山脉由一系列山峰所构成，最东端的杨仙岭，濒临贡江河谷，海拔为412米，相传著名堪舆家、风水祖师杨筠松曾于此山结庐授徒。山顶建有杨仙公庙，峰山亦因此而得名。自杨仙岭往西，依次有丫基岽、九峰山、爷屏山、宝盖峰、狮子岩、天子地、牛轭岽等山峰。

山脉的最高峰系宝盖峰，海拔达1016米，是赣州城郊的最高峰。清代同治版《赣州府志》记载："崆峒山，在城南六十里，古名仁空山。自南康数十里蜿蜒而来，章贡二水夹以北驰，为一群望山，其最高者，为宝盖峰。"峰山山脉峰秀林郁，风景优美，宝盖峰在清代成为"赣州八景"之一——宝盖朝云，宝盖峰下建有寺院——崆山精舍，精舍前有宝镜池。民国年间，外国传教士亦曾在宝盖峰下建有别墅。峰山山北还有滴水寨瀑布。山南有落差达60米的龙潭瀑布。近年来，人们还在距峰山主峰约1200米的五爪龙山腰，发现了奇特的"铜锣鼓"岩石。

峰山的秀丽景色为历代文人墨客所称颂。北宋时期，虔州教授李朴有诗赞曰："云根秀出碧芙蓉，烟晃霞飞瑞霭中，地脉九段龙奋蛰，天河一派练横空。"改革开放以来，政府加大了对

峰山

峰山旅游资源的开发利用。1995年，峰山被列为省级重点风景名胜区。

1980年，此地建成峰山登山公路。公路从山下的沙石镇起，全长19千米，可盘旋直达宝盖峰峰顶。公路开有隧道一条，全长60米，成为登山一景。山路上能看到司法干警培训学校和“仙人石”景观。1982年，在峰山公路的大回转处建起了回龙阁、宝峰亭和狮子岩迎春廊等人文景观，以及为游人提供服务的峰山第一别墅。1983年，在狮子岩西侧的天子地，建成了峰山管理处办公室楼和接待室，内辟有现代碑廊。1989年，此地建成峰山森林公园，占地面积达17.12万亩，其中含山地面积15.5万亩。

1982年于山顶上建起两座高70余米的广播电视接收转播塔，信号覆盖了赣南18个县（市、区）和毗邻的韶关、郴州、龙岩等部分地区。20世纪90年代，随着通信事业的飞

地址：峰山古名崆峒山，呈西南—东北走向，江西省赣州市东南郊13千米处，绵延40余千米，地跨赣县、章贡区、南康市。它横亘于赣州城的南面，成为赣州城的向山、望山

交通：在南门口坐102路在终点站下车或在火车站坐115路在沙石路口下车

咨询电话：0797-8176838

速发展，峰山最高峰又建起了一座声讯信号传输转播塔。至此形成了现代“赣州八景”中的独特一景——峰塔凌霄。它集自然与人文、古朴与时尚于一身。那高耸入云的一座座铁塔已成为赣州信息化推动现代化进程的标志性建筑，也为古老的峰山平添了现代化的气息和巍峨的气势。峰塔凌霄，构成了新“赣州八景”中气势最为壮观的一景。

（六）宝莲山

赣县宝莲山风景名胜区位于赣县东南部端韩坊乡小坪管理区高寒山区，距离赣州中心城区 79 千米，因酷似一朵盛开的莲花而得名。景区立足于“贵山福地，毓秀宝莲”的精品旅游定位，规划面积为 70 千米，未来将形成“两个中心、13 个景区”。两个中心即大坪和黄婆地综合服务接待中心；13 个景区是宝莲

宝莲山

地址： 赣县宝莲山风景名胜区位于赣县东南部端韩坊乡小坪管理区高寒山区，距离赣州中心城区79千米

门票： 60元/人

交通： 游客可走从赣县—赣州—王母渡—韩坊—小坪—宝莲山往返，又可从赣县义源—大田乡—大埠乡—杨雅村—黄坪村—小坪村—宝莲山往返

咨询电话： 0797-8176838

西湖景区、梅子河漂流景区、八仙谷瀑布景区、观音谷瀑布景区、小千山景区、大千山景区、疗养度假景区、野人洞景区、卧佛山景区、山地运动休闲景区、农业观光休闲景区和宝莲山云霄景区等。名胜区内重峦叠嶂，林海起伏，风景如画，有野人洞、仙人岩、瀑布群、木鱼山、卧佛山、弥勒峰等众多神奇的自然景观，享有“赣南小庐山”“天然氧吧”的美称。境内有丰富的旅游资源，有赣县第一高山水鸡岽，鬼斧神工的野人洞、仙人洞等溶洞群，飞流直下的瀑布群，双佛神山，云海日出等名胜景点，还有茫茫林海和成群结队的飞禽走兽。

（七）白鹭古村

白鹭古村位于江西省赣县的最南端，毗邻兴国和万安，故以又有“一脚踏三县”之称。这里至今保留着大量完整的明清古建筑以及浓厚的客家文化。到目前为止，白鹭是江南保存最完好最、集中的客家古村落，虽历经860多年的风吹雨打，依然保存有大小不等、一定规模的堂屋、祠宇共69座。

悠久的历史让白鹭拥有了众多的“第一”和“唯一”的称号：中国第一座也是唯一一座以女士命名的女士祠，中国第一所希望小学，江南第一个村级民俗博物馆，故宫唯一一块遗留在外的金砖……

白鹭古名居是沿着鹭溪呈月牙形分布，而且村里的4条主要街道，极似一大大的“丰”字。白鹭人很早就品评了村里含

数字的主要景点，并归纳为“白鹭十景”：天一池、二义仓、三元官、四逸堂、五福第、六角亭、七姑庙、八角井、九成堂、十字街。虽然时至今日，这十处街坊景观许多都不复存在了，但在白鹭古村老人的心里，一定保留着这些景观美好的记忆片段。

地址：位于赣县北部白鹭乡，距赣州市63千米

荣誉：国家历史文化名村

门票：20元/人

交通：1.从赣州火车站、赣南贸易广场、赣州汽车站、东河大桥乘坐129公交车到赣县（赣州汽车东站），转乘赣县—白鹭班车到白鹭古村景区；

2.从赣州南门广场、东河大桥乘坐101公交车到赣县（赣州汽车东站），转乘赣县—白鹭班车到白鹭古村景区；

3.从赣州建材大市场、市行政服务中心、沙河产业园乘坐127公交车到赣县（光彩大市场），转乘赣县—白鹭班车到白鹭古村景区

联系电话：0797-4560003

白鹭民居以祠堂为主，分“专祀型”和“居祀型”两种，从建筑结构上看，大部分都是精美的雕花门楼和建筑实体围绕中突的天井构成的“四水归堂”式。祠堂外围的墙高大挺直，外墙的每块砖都要有一道研磨的工序，在没有水泥的时代，人们便用糯米和水来代替，虽历经近千年的风霜，却依然坚牢如初。

1.恢烈公祠 >>>

恢烈公祠又被人们称为“山沟里的大观园”，前后三栋，为白鹭最大的联体建筑，屋内仅大小天井就有16个，与“九井

恢烈公祠

十八厅”相当。大堂内还有两个至今保存完整的、雕刻精美的石墩，据说有人想以重金购之，被主人婉言谢绝。除了石墩，大堂内还有前面说到的金砖，这块金砖为正方形，又黑又厚，砖的一侧刻有印记。民间传闻这是故宫里流落出来的唯一一块金砖，事实真假已不可考。在大堂的天井内，悬观布局呈典型的江南园林特色，其中有雌、雄两株彼此厮守了近300年的罗汉松，雄树只开花不结果，雌树只结果不开花，仔细看看就能发现，雌树婀娜多姿，雄树则粗壮挺拔。

2.王太夫人祠

王太夫人祠是说到白鹭不得不提的一个祠堂。在封建社会，由于受男尊女卑的观念影响，除了贞节牌坊，极少有以女性的名字命名的建筑物，尤其是祠堂。

王太夫人的乐行善施一直为当地百姓所传颂。王太夫人临终前，还念念不忘建立义仓的事，并叮嘱其子义仓的规模每年不得小于1000担，存放于二楼，用于赈灾济贫，是以当时有“白鹭无叫花子”之说，据说还有不少穷人慕名远道而来。除此以外，王太夫人祠的一楼还成了赤贫子弟的私塾，理所当然，这里成了白鹭人心中精神和物质上的救济圣地。所以，祠堂的门楼也比白鹭的其他门楼更宽阔、恢宏。

3.洪宇堂

洪宇堂的构造异常独特，门前的是少有的出五跳如意斗拱结构屋檐，俗称木方垒砌的“雀巢”，其突出部分还雕有各种精美的花鸟。洪宇堂的主人是一名救死扶伤、德高望重的名医、受了皇上嘉奖，方建成此堂，即使是一品官员到了此地，也要下马。

如此之多的古建筑，亲历目睹方能领略其中的精髓，更不用提那丰富的客家文化了。可以说，在白鹭，移步即景，处处都让人怀旧。

二 南康景点

（一）南康旭山公园

旭山公园占地面积约为200亩，其中含绿地面积8600平方米（不含水域面积），绿地率达65%。2007年以来，南康市委、市政府根据旭山公园现状、自然资源和人文资源优势，投入资金近3000万元，对其进行了综合改造，把旭山公园建设成为一座集休闲健身娱乐、革命传统教育、生态环境保护为一体的综合性城市公园。

按照工程设计，旭山公园整体功能分四大区域，即：革命传统教育区、古迹文化区、休闲娱乐区、体育健身区。主要建设内容有：革命烈士纪念碑、南康市名人雕像群、孔子纪念馆、文化长廊、鲤山塔、门球场、网球场等。同时，依山就势，布置了人工湖、隧洞、花径、竹林等景观设施，整个公园体现出山水和谐、环境优美、精雕细琢，具有深厚的文化底蕴和历史积淀的城市公园景观风格。公园于2006年10月动工一期改造，2007年7月进入二期改造，目前已全部改造完工，是南康市民休闲娱乐、锻炼健身和开展爱国主义教育的优良场所，已成为展示南康城市形象的一张崭新的名片。

鲤山塔是南康的主要文化古迹之一，始建于明代启天年

间，距今已有380多年，是当时被称为“水口造塔，西流筑堤，此千百年来永利”的两大建设工程之一，拆毁于1968年。历史上，鲤山塔曾屹立于章江之滨，造就了“南康八景”之一的“苍龙跃浪”胜景，还与东山文峰塔隔江并峙，凌云绝秀，共同形成南康的门户标志和独特的人文景观。重建的鲤山塔总高度为69.6米，预计造价约500多万元，按水口塔形建造，象征南康聚财生丁、经济腾飞，塔的建筑设计外形为明代古塔风格，兼具当代仿古建筑特色，内部具有旅游观光及展览功能，在平面布置上采用八面九层十八级的设计，分明层和暗层，底部高地宫，六层设人宫，塔顶暗层设天宫，立面造型设计为楼阁式塔，外观分为台座、塔身、塔刹三部分，塔每层设飞檐，塔檐逐次内收，高层逐层递减，第一层身四面做出假门，其余四面雕出假窗。

地址： 南康市旭山公园位于市区北侧的旭山岭，与市区繁华路段泰康中路、东门北路相邻

南康旭山公园

（二）南康南山省级森林公园

南康南山省级森林公园位于南康市区南部，距市区 2.5 千米，经赣粤高速南康出口转 105 或 323 国道可到达。南山森林公园总面积约为 8050 亩，园内主峰海拔为 346 米。南山奇树怪石、瑶草石洞颇多，可谓峰、石、云、林兼俱。这里既是旅游观光、避暑度假之胜地，又是科考、野营的理想场所。园内“杜鹃映月”“红颜醉机”“栎拷点景”“松元梦泉”等奇观为赣南地区所少见，其主要景点有大南山、小南山、生佛寺、园慧洞、南山果庄等。

大、小南山：大南山有三个天然岩洞。小南山石头奇特，鬼斧神工，栩栩如生，让人流连忘返、乐在其中。

位置：位于南康市区南部
荣誉：江西省级森林公园
门票：免费
交通：从火车站、汽车站等乘6路公交车到达景区
联系电话：0797-6605460

生佛寺：内有雄伟壮观的大雄宝殿及藏经阁、舍利塔、天王殿、钟鼓楼、山门等佛教精湛的建筑群。寺内“净土

南康南山省级森林公园

人间”一匾额为全国政协原副主席赵朴初之手迹。

园慧洞：明朝时有一大师，法名园慧，在此洞中圆寂。传闻他几百年来肉体不烂，须发、指甲还会生长起来，一直保存到“文革”初才被毁。

南山果庄：占地86亩，庄内植有南国各种果树，并建有游乐场，集观赏、品尝、游览等功能于一体。

三 瑞金景点

（一）中华苏维埃第一次全国代表大会会址

旧址原是谢氏宗祠，已有几百年的历史，是中华苏维埃共和国临时中央政府的诞生地及其 1931 年 11 月至 1933 年 4 月的驻地。

1931年11月7日，中华苏维埃第一次全国代表大会在这里隆重召开。来自赣南、闽西、赣东北、湘赣、湘鄂西、琼崖等根据地的代表，以及在国民党统治区的全国总工会、全国海员总工会的610名代表出席了大会。

大会历时 14 天，听取了毛泽东做的政治问题报告、项英做的劳动法草案报告、张鼎丞做的土地问题报告、朱德做的红军问题报告、周以栗做的经济政策问题报告、王稼祥做的少数民族问题报告、邓广仁做的工农检察问题报告、任弼时做的苏维埃宪法问题报告。讨论通过了《中华苏维埃共和国宪法大纲》《中华苏维埃共和国土地法》《中华苏维埃共和国劳动法》，以及红军问题、经济政策、工农检察问题、少数民族问题等决议案。

中华苏维埃临时中央政府旧址

> **地址：** 第一次全国苏维埃代表大会会址原是谢氏宗祠，已有几百年的历史，是中华苏维埃共和国临时中央政府的诞生地及其1931年11月至1933年4月的驻地。

会议选举了毛泽东、项英、张国焘、周恩来、朱德等63人为中央执行委员会委员，组成中央执行委员会作为大会闭幕后的最高政权机关。大会最后发表了《中华苏维埃共和国临时中央政府对外宣言》，向全国乃至全世界庄严宣告中华苏维埃共和国临时中央政府正式成立，定都瑞金。

会议结束后，谢氏宗祠被木板隔成15个房间，作为各个部的办公室。

1933年4月，临时中央政府从这里迁驻沙洲坝后，依然在谢氏宗祠内召开过许多重要会议，如八县区以上负责人查田运动大会、八县贫农团代表大会、中央苏区南部十七县经济建设大会、中央苏区南部十八县选举运动大会。

新中国成立后，按“一苏”大会的场景和临时中央政府的原貌进行复原陈列，并对外开放。

（二）中共苏区中央局旧址

该旧址是一栋典型的江南两厅一井民房，建于1924年，后成为中共苏区中央局机关驻地。

中共苏区中央局是全国苏维埃区域党的最高领导机构，于1931年1月15日在宁都县小布镇成立，因中央确定的书记周恩来尚在上海，由项英代理书记，委员仅项英、毛泽东、朱德到任。后增加任弼时、王稼祥、顾作霖、邓发等人，周恩来任书记。在此之前，项英、毛泽东先后代理书记。

中共苏区中央局成立之初，机构不完善，人员也不能到位，一直随红军总部行动。1931年9月，中共苏区中央局办公地点几经辗转从永丰龙岗迁来瑞金，这栋谢氏私宅就成为中共苏区中央局固定的办公地点。中共苏区中央局内设组织部、宣传部，中共六届五中全会后设立妇女部等机构，任弼时曾任组织部部长，顾作霖和潘汉年曾任宣传部部长，周月林、李坚贞曾任妇女部部长。中共苏区中央局在党的建设、军队建设、苏维埃政权建设等方面都做出了很大的贡献，先后创办了《实话》《党的建设》等刊物，又于1933年2月4日创办了机关报《斗争》。由于中共苏区中央局是中共临时中央的委派机关，一直受到被“左”倾错误把持的中共临

中共苏区中央局旧址

时中央的遥控，在一些重大问题上，执行了“左”倾错误路线。1933 年，中共临时中央从上海迁至瑞金后，与中共苏区中央局合并，组成新的中共中央局。

1933年4月，中共苏区中央局搬迁到沙洲坝下肖村办公，此房由当地百姓居住，还住过负责建筑红军烈士纪念塔等纪念建筑物的工作人员。

地址：赣州市瑞金市叶坪乡沙洲坝下肖村
门票：25元/人
交通：市内乘3路公交车至景区
联系电话：0797-2347998

（三）红军烈士纪念塔

红军烈士纪念塔是中华苏维埃共和国临时中央政府为了褒扬先烈，永远纪念历年来在革命战争中光荣牺牲的红军“指战员”（战士和指挥员的统称），根据中央人民委员会 1933 年 7 月 11 日第 45 次会议决定而兴建的。该纪念塔由钱壮飞设计，梁柏台任工程指导。

红军烈士纪念塔塔高13米，炮弹形的塔身布满一粒粒小石块，象征着无数革命烈士凝结而成。塔座为五角形体，四周分别镶着毛泽东、朱德、周恩来、博

地址：位于江西瑞金市叶坪镇叶坪村

红军烈士纪念塔

古、项英、洛甫、王稼祥、凯丰、邓发等领导人的题词和建塔标志，共10块碑刻。塔的正前方地面上用煤渣铺写着“踏着先烈血迹前进”8个苍劲大字，与烈士塔形成一幅完整的构图，表达了苏区人民对先烈的无比崇敬和怀念。

1934年10月，红军主力长征后，红军烈士纪念塔被敌人拆毁。当地群众在沉痛和愤怒之中，冒着生命危险，把红军烈士纪念塔拆除下来仅有的完整的“烈”字抬回家里珍藏起来，直到新中国成立。

（四）红井

小学课本里有一篇课文，题目叫作《吃水不忘挖井人》，讲述的就是红井的故事。

当年的沙洲坝是个干旱缺水的地方，不仅无水灌田，就连群众喝水也非常困难。水的问题严重影响了沙洲坝人民的生活。

1933 年 4 月，中华苏维埃共和国中央临时政府从叶坪迁来沙洲坝以后，中央临时政府主席毛泽东在元太屋办公和居住，他发现这里的群众喝的是池塘里的脏塘水，便一直把解决群众饮水难的问题挂在心上，只要一有空，他就同警卫员小吴商量如何为群众挖井一事。毛泽东用实际行动，为机关干部和沙洲坝群众树立了榜样，中央各机关掀起了开挖水井的热潮。从此，沙洲坝人民结束了饮用脏塘水的历史，喝上了清澈甘甜的井水。

1934年10月红军长征离开了瑞金，国民党反动派又卷土重来。为了阻止人民群众对红军的思念，国民党反动派多次填掉这口井。当地群众同敌人展开了针锋相对的斗争，敌人白天填井，群众夜晚又把井挖开，就这样填了又挖，挖了又填，反复

红井

地址：江西省赣州市瑞金市沙洲坝

好几次，沙洲坝人民终于取得了胜利。

1950年，沙洲坝人民为了迎接南方老革命根据地慰问团的到来，对毛主席带领军民开挖的这口水井进行了全面整修，并将这口井取名为“红井”，同时在井旁立了一块碑，刻上“吃水不忘挖井人，时刻想念毛主席”14个赤金大字，以此表达对毛主席的无限崇敬和思念。

（五）罗汉岩景区

罗汉岩位于瑞金市以北，由壬田镇管辖。景区距市区约20千米，交通便利，有旅游公路直达山脚。景区面积达10余平方千米，海拔为500余米，属于丹霞地貌。

罗汉岩海拔不高，这里属典型的亚热带季风性湿润气候，降水丰沛，加之这里森林覆盖率高、植被生长环境好，许多古树得以生长至今。20世纪中期建成的日东、陈石两大水库，连接起来就像挂在绵江主流上的两个宝葫芦，为这一风景区提供

罗汉岩

了较好的水分条件。加之近几年兴建的人工湖，更使罗汉岩锦上添花。所以多浓雾是这里的一大特色。

> **地址：** 瑞金市206国道罗汉岩风景区（近陈石水库）
> **门票：** 50元/人
> **交通：** 瑞金火车站下车坐公交到新车站下，然后在新车站搭乘直接到罗汉岩的公交车。车费大约为6元
> **咨询电话：** 0797-23511199

罗汉岩风景奇秀，这里山水相依、碧潭似镜、悬崖峭壁、峰奇石怪。尤其是春夏这两个季节，更是山花烂漫、彩蝶飞舞，雨后彩虹倒映在波光荡漾的湖面，天水合一，令人仿佛走进了一幅浑然天成的山水画卷。

罗汉岩主要景点有“罗汉岩”摩崖石刻、试剑石、撑腰岩、蜡烛峰、神龟出水、玄月湖、十八罗汉园、八音洞、出粮石、锁云桥、罗汉岩（大岩洞）、丹壁岩、一线天、油箩潭、猴子观井、太平天国抗清旧址、三叠泉、驼背岩、好汉坡、仙人望月、

玉带平湖等 35 个景点，126 处景物、景观。

罗汉岩得天独厚的山水风光，曾经吸引过无数的名人登临题咏，宋代大学士苏东坡被贬官岭南时曾经游历过此处，对罗汉岩山水倍加赞美；明代才子王明阳也留恋此山美景并留下了许多赞誉的诗句，其中一首是这样写的：“古来绵江八大景，名扬四海传九州，最是陈石山水色，观后胸中黄山无。”诗中的“陈石”就是罗汉岩的别称。

四 于都景点

（一）中央红军长征出发地纪念园

中央红军长征出发地纪念园位于全国重点文物保护单位中央红军长征出发地旧址——于都县城东门渡口。

2009年，在纪念中央红军从于都出发长征75周年之际，县委、县政府为了弘扬长征精神、缅怀先辈伟绩，投资近千万元对中央红军长征第一渡纪念碑园进行了扩建，新建了中央红军长征出发纪念园。纪念园占地60亩，由游客服务中心、小广场与主题雕塑、集结广场、纪念广场、中央红军长征出发地纪念馆等组成，贯穿其中的步行道像一条飞舞的红飘带将各部分连接在一起。

纪念园入口的主题雕塑高7.5米，底座长8.6米，雕塑正面主题为“渡河出发”，她体现的是当年中央红军夜渡于都河出发去长征的情景；雕塑背面的主题为“依依惜别”，体现的是当年于都人民依依不舍地送别出征战士的场景。

中央红军长征出发地纪念园

地址：位于县城东门贡江河畔
荣誉：国家3A级旅游景区，全国爱国主义教育示范基地
门票：免费
交通：市内乘“县城至马子口”公交车至景区
联系电话：0797-5857890

集结广场中间的红五星代表的是红星第一、第二纵队，而围绕在她周围的这五个红色钢铁构架，代表的是中央红军的一、三、五、八、九军团。象征当年由中央机关工作人员组成的两个纵队以及中央红军的五个军团，就是在于都河北岸集结、休整补充，从而渡过于都河出发去长征的。

集结广场铺设的书卷镌刻《中国共产党历史》中关于中央红军实行战略转移、出发长征的记述：10月16日，各部队在雩都河以北地区集结完毕。从10月17日开始，中央红军主力五个军团及中央、军委机关和直属部队共8.6万余人，踏上战略转移的征途，开始了著名的长征。

纪念广场中间铺设一幅中国工农红军长征路线示意图。从图中可以了解到：1934年10月中央红军从于都出发直至1936年10月到达甘肃会宁三大主力会师的长征历程。纪念广场建有中央红军长征出发纪念碑，碑高 19.34 米，底座边长 10.18 米，象征着中革军委、中央机关和中央领导于 1934 年 10 月 18 日在此渡河出发。碑身为双帆船造型，象征着中央红军从此扬帆出征。碑座上的三幅巨型浮雕，分别以“集结”“出发”“奉献”为主题，周围的围栏上雕刻着中央红军各军团渡河出发的 8 个主要渡口。纪念碑围栏左侧镌刻叶剑英在 1962 年建军节前夕，为了缅怀当年赣南军区政治部主任刘伯坚而写的一首诗：“红军抗日事长征，夜渡于都溅溅鸣，梁上伯坚来击筑，荆卿豪气渐离情。”诗中前两句描写了红军夜渡于都河的情景，后两句引用了燕国人高渐离，在易水边击筑高歌送别壮士荆轲的历史典故。纪念碑围栏右侧镌刻了新中国成立后第一任中宣部部长陆定一同志在长征途中写就的《长征歌》里的第一首：“十月里来秋风凉，中央红军远征忙。星夜渡过于都河，古陂新田打胜仗。”这首诗就是当年中央红军夜渡于都河，踏上漫漫征途的真实写照。

中央红军长征出发纪念碑

在中央红军长征出发地纪念园东侧是于2004年建的中央红军长征出发地纪念馆。纪念馆基本陈列以长征前夕中央红军在于都的主要活动以及中央红军长征历程为主线，充分体现中央红军被迫实行战略转移的历史背景，红军在长征途中气吞山河、勇往直前的英雄主义和革命乐观主义精神，以及在长征中所凝聚的伟大的长征精神。纪念馆采用文字、图表、照片、画、实物模型等展示手法，实事求是地展现中央红军主力部队集结于都出发去长征的历史。陈列内容分为四大部分：第一部是出击赣南、开辟苏区；第二部是战略转移、出发长征；第三部是浴血奋战、长征胜利；第四部是长征精神、代代相传。

（二）于都革命烈士纪念馆

于都革命烈士纪念馆位于江西省于都县城长征大道中路，于1987年3月兴建，宋任穷同志亲笔题写馆名。该馆陈列面积为434平方米，展线长161米，分为1个序厅、1个悼念厅、6个陈列室。陈列了红二十军军长肖大鹏、红军第十五纵队参谋长朱学玖等147名于都籍知名烈士的事迹及部分遗物。第二次国内革命战争时期，于都县是中央革命根据地的重要组成部分。全县为革命光荣捐躯的烈士达16336名。为褒扬革命先烈的丰功伟绩，1955年于都县人民政府建了烈士纪念塔、纪念亭各一座，1987年7月1日于都县革命烈士纪念馆举行奠基仪式，1990年12月26日正式开放展出。

地址：贡江镇长征大道32号

于都革命烈士纪念馆

（三）于都屏山牧场

于都屏山牧场坐落在于都县南部的靖石乡境内。据县志记载："屏坑山，旧名龙山，坐落靖石、利村乡与盘古山镇之间，海拔1312米，为县内最高峰，东南一西北走向，山麓四周百余里，皆山石层垒而成，山高如屏，坑沟纵横，有奇禽异兽。"这简短的文字，让人足以感到屏山的雄伟与神奇。屏山山腰是遮天蔽日的原始森林，逶迤莽莽；山顶是连绵起伏的天然草场，郁郁葱葱。根据有关专家评价，屏山海拔900米以下是九寨沟风光，900米以上则是北国草原风光，山顶的5万亩草原把南方的高山雄姿与北国的草原风光有机地融为一体，颇具旅游开发价值。

地址：靖石乡屏山
门票：25元/人
星级：AA
交通：赣州到于都的车十多分钟就有一趟，不管在新汽车站还是东河车站。于都到靖石屏山牧场的车为上午八点和下午两点左右发车，也可以搭乘当地车辆或者包车过去
咨询电话：0797-8176838

于都屏山牧场

（四）于都罗田岩

罗田岩是一处发育较好的丹霞地貌景区，这里岩深谷邃，丹岩绝壁，树木参天，风景秀丽，为省重点文物保护单位、省级森林公园，也是赣南著名的佛教圣地。

罗田岩是历代名人摩崖石刻众多，以丹山碧水为主的风景名胜地，这里湖光山色，景色宜人，开发于南北朝，自北宋时享誉盛名，并创立闻名一时的“华岩禅院”，亦为享誉海内外的名篇《爱莲说》碑刻的发表地。

罗田岩人文景观以罗田岩石刻为主，而罗田岩石刻主要分布在寺东悬崖和观善岩悬崖上。

罗田岩石刻是罗田岩景区内一处重要的人文景点，据文献记载，在罗田岩四周约2平方千米的悬崖峭壁上，分布着唐宋以来历代名人题刻100多品。但因年代久远，不少石刻风化、剥落，加上“文革”期间又遭人为破坏，现能辨认、保护较好的只有57品。

于都罗田岩

地址：位于于都县县城贡江南岸渣林村323国道旁
荣誉：江西省重点文物保护单位、省级森林公园
门票：免费
交通：市内乘“马子口至县城”公交车至景区
联系电话：0797-6305826

（五）寺东悬崖石刻

寺东悬崖上能分辨的有15品，以宋代石刻居多，目前发现最早的宋皇祐三年（1051年）石刻，就在寺东悬崖上。悬崖上端最醒目的石刻是宋代民统英雄岳飞的“天子万年”题刻。

观善岩悬崖石刻 >>>

观善岩悬崖石刻

地址：于都县县城贡江南岸楂林村罗田岩景区

寺东崖壁往左延伸为善岩，这里不仅题刻分布最集中，而且以名人题刻为最多。

此地现有题刻27品，右侧最醒目的1品是民族英雄文天祥在南宋景炎二年（1299年）时率军抗击元兵大捷后，登游罗田岩写下的《集句大书罗田岩石壁》一诗，诗曰：“岂弟君子，民之父母。靖共尔位，正直是与。无贰无虞，上帝临汝。”表达了作者忠贞不二的坚强意志和高尚情操。

岩壁中部的一首七言绝句《游罗田岩》题刻，为北宋哲学家时任虔州通判的周敦颐于嘉祐八年（1063年）正月初七，游罗田岩时题写的，词曰：“闻有山岩即去寻，亦跻云外松阴，虽然未是洞中境，且异人间名利心。”同年，周敦颐的《爱莲说》由县令沈希颜书，五抟篆额，钱拓上石，可惜此石刻没有被保存下来。

周敦颐题刻开创了罗田岩名人题刻之先河，从此，罗田岩声誉远播，文官武将、骚人墨客、名家学者纷纷来此，或览胜观景，或瞻仰唱和，或结庐筑室、谈道讲学，历代不衰。在方圆 2.5 千米的悬崖峭壁上，镌刻有自唐宋以来岳飞、文天祥、朱熹、八大山人、王懋德、王阳明、罗洪先等历代名人题刻 100 余品，为罗田岩而作的诗文 80 余件。

在周敦颐题刻左侧为岳飞题刻的《罗田岩访黄龙旧迹留题》七绝词 :“手持杖访黄友，旧穴只遗虎子。深锁白去无觅处，半山松撼西风。”右侧为北宋书法家呈现鸿题刻的《题罗田岩石刻》。位于岩壁上部的是题刻《观善岩小序》:“善，吾性也。曰观善，取传所谓相观而善者也”，为明代大理学家王守仁途经于都游罗田岩时题写的。

五 兴国景点

（一）兴国将军园

兴国将军园位于县城城南的全国爱国主义教育基地，是赣南十大景区之一，属于红色旅游主题公园。由将军广场、将军纪念馆、苏区干部好作风纪念馆等构成。

将军广场按长征路线进行规划，正中安放毛泽东的巨型雕像，周围安放陈毅及兴国籍 56 位开国将军的雕像 ; 将军纪念馆屋顶为红军八角帽造型，以突出兴国红军县的特色，馆内展览了开国将军们的生平事迹 ; 苏区干部好作风陈列馆分六个展厅，

将军广场大型群雕

是全国唯一以苏区干部好作风为主题的陈列馆。大型群雕由“中国工农红军兴国模范师”“中国工农红军少共国际师”“中国工农红军中央警卫师”3 面军旗及 79 位栩栩如生的人物故事环绕组成，3 面红军旗象征着兴国在第二次国内革命战争中组建了 3 个师参加工农红军。群雕正面是兴国人民与红军一道反“围剿”的战斗场面，背面是兴国人民在第二次国内革命战争中母送子、妻送郎、兄弟争相上战场的动人场面。

群雕长 23.179 米，象征着兴国人民在革命战争中为国捐躯的有名有姓的烈士就达 23179 名；宽 2.3 米，高 8.5 米，象征着在第二次国内革命战争时期，兴国的 23 万人口中就有 8.5 万人

兴国将军园

参军、参战。

地址：位于江西省兴国县将军大道南端
门票：免费
交通：从县城五福广场乘坐18路公交车可到达
联系电话：0797-5318997

（二）兴国潋江书院

潋江书院位于兴国县城横街小井头，为清代古建筑。1929年4月，毛泽东曾在潋江书院举办“土地革命干部培训班”。1930年至1934年书院成为兴国县苏维埃政府所在地。书院由门厅、讲堂、拜厅、魁星阁、文昌宫组成，占地面积为4903.08平方米，属江西省级文物保护单位。

位置：位于兴国县潋江镇楼街
荣誉：全国重点文物保护单位、爱国主义教育示范基地
门票：5元/人
联系电话：0797-5311719

兴国潋江书院

（三）兴国冰心洞

冰心洞，位于兴国城东北7千米的长冈乡、鼎龙乡交界处。唐代贞观年间，铁船僧由庐山来此创设龙华寺时，见此间盛产灵芝，遂以灵山命名之。

在冰心洞海拔为461米的灵山主峰上，四周皆为奇峰幽谷；香炉峰四周绝壁，峰顶平旷，有座曾居数百人的黄狗寨；钟峰山势峭拔，峰顶一簇松林；鼓峰浑圆矮墩；象鼻峰眉目清楚，形似长鼻和嘴唇的山峰间正好有一道裂缝。灵山峰峰有寨，寨寨有寨。

地址：赣州市兴国县长冈乡合富村

星级：AA

咨询电话：0797-8176838

兴国冰心洞

兴国冰心洞

（四）三僚风水文化景区

三僚风水文化景区位于江西省兴国县梅窖镇境内，处在兴国、宁都、于都三县边界，距县城64千米，距赣州黄金机场和井冈山机场分别是150千米，距京九铁路兴国火车站67千米，景区邻近319国道和泉（州）南（宁）高速公路，距高速公路兴国东出口13千米，交通便利。

三僚村因其独树一帜的风水文化，被海内外易学界誉为“中国风水文化第一村”“中国风水文化的发祥地”。风水祖师杨筠松（名益，号救贫）曾携弟子曾文辿 、廖金精隐居三僚、著书立说，奠定了中国风水文化的理论体系，中国风水文化由此传播海内外，三僚曾、廖二姓师承杨公奇术并发扬光大。自五代十国、宋、元、明、清历朝，名师迭出，其中白衣承诏，由皇帝钦封为钦天监博士的风水师就达 36 人。古都南京、北京的著名建筑如明十三陵、故宫、清东陵等都是三僚风水先生堪择。景区内至今保存了大量的风水作品，如龟蛇相会、曾氏砂手、蛇形祠、虎形墓、

三僚风水文化景区

地 址：位于江西省兴国县东南64千米处的梅窖镇境内

★ **荣 誉**：4A；中国风水地理文化第一村

门 票：30元/人

交 通：从兴国县汽车站乘坐兴国至三僚旅游班车可直达

联系电话：0797-5236326

七星池等，是中国风水文化保存最为完好、风水作品最为集中的古村落，成为世界风水文化爱好者朝觐的圣地。

2008 年 6 月，三僚风水文化正式列入江西省第二批非物质文化遗产名录。三僚风水文化景区先后被评为“国家农业旅游示范点”“江西省乡村旅游示范点”“江西省历史文化名村”和“全国生态文化村”。

六 大余景点

（一）大余丫山风景区

丫山风景区，位于大余县城东约10千米处的黄龙镇境内，因最高峰双秀峰呈“丫”字形而得名，为省级重点风景名胜区、国家森林公园、全国全民健身户外活动基地和国家登山基地。丫山风景区交通便利，距赣韶高速出入口3千米，323国道依山脚而行，是赣粤湘自驾游的首选地。

丫山风景区规划面积达3.3万亩，景区内植被复杂，森林覆盖率高达92.6%，山中秀木成林，瀑布成群，竹清茶香，奇花遍布，不仅是一处以山、林、泉、湖、瀑、洞、石等自然生态景观而称奇的风景名胜区，更是一处融合儒、释、道、理学文化等人文历史景观而闻名的文化圣地，可谓是“生态秀美、人文醇厚”。

丫山生态环境优美。放眼丫山，林深树密，苍翠欲滴。步行至丫山脚下，由各溪流汇聚而成的石门平湖，波平浪静，水天一色。平湖两侧群山耸峙，竹海涛涛。谷雨时节，观竹笋破土，

位置： 位于大于县城东10千米处

★ **荣誉：** 4A国家森林公园、省级风景名胜区

门票： 30元/人

交通： 1.在大余汽车站转乘专项公交到达丫山景区；2.从赣州汽车站乘坐至大余班车，在丫山路口下

大余山丫风景步区

览翠竹拔节，看纤纤修竹，观竹叶依依，婀娜多姿。游客可在湖上泛舟，与蜻蜓、蝴蝶共舞，也可孤舟独钓，如佛似仙。沿湖边小路走马观花，进山寨、访围屋，体会客家人的纯朴民风，遐思围屋主的奇思妙想，轻松惬意。

丫山西侧的天然分水岭，其腹地就是丫山风景区的游览胜地——卧龙谷。相传丫山西侧有一条孽龙蛰伏，春天农民求雨不得，禾苗枯槁，而秋天求晴不保，作物常为洪水所淹，附近百姓饱受干旱、洪水之苦，后来真君将孽龙降服，使其乖乖卧于山谷，卧龙谷由此而得名。卧龙谷道路崎岖，怪石嶙峋，古树参天，古藤悠悠，珍稀动植物遍藏其中，是游客探险猎奇的天然去处。谷内水流潺潺，有大小瀑布60余处。“神龟听泉”瀑布高达十余米，水流直泻而下，急湍的溪流溅入潭中，水花数米，发出巨大的轰鸣声；瀑布右侧上端有一巨石高悬，酷似一只头部上仰的乌龟，相传神龟长年护卫真君悟道，寂寞难耐，所以每天爬上第一瀑观景、听泉、远眺丫山……丫山几十处瀑布神态各异，似玉女含羞，如百风归巢，疑飞龙出云、像清帘叠挂，美不胜收。沿着谷中小径顺势而下，可见一股股梦一般的溪流欢快地流淌，溪水清澈见底，溪底青褐黄白的鹅卵石让人眼花缭乱，置身其中，好不惬意。走出卧龙谷，沿公路而上3千米处，一个百亩连片的高山茶园展现在人们眼前，一垄垄、一层层的翠绿山茶宛如飘浮在山间的绿色飘带。游客漫步在散发着淡淡茶香的绿色世界里，心旷神怡。倘若有兴致，可到茶园中的飞云度假山庄里的“茶苑”小憩，品味产自茶园的“丫山云雾茶”“丫山毛尖茶”，别有一番情趣。

丫山历史悠久、人文渊远。“灵感三千界，岩藏五百僧”的南唐名刹—寺坐落山中，六祖慧能曾在此讲播佛法，宋德贤法师也在“片石云飞”上悟出了“片云出洞本无心，流水下山非有恋”，一时间，丫山灵岩寺成为“江南有数，赣南为盛”的佛教圣地。山内真君洞里许真君修行悟道、渡化孝龙的故事千年流传，道教文化一时兴起。张九龄、苏东坡、周敦颐、程颢、程颐、张九成、朱熹、王阳明等名人大家曾在丫山流连忘返，创出佳作；理学宗师周敦颐在这里将“无极而太极”的理学至理与《太极图说》的精妙哲理传授给程颢、程颐；“东方莎士比亚”汤显祖的丫山追梦，于千年古寺中探寻府衙小姐杜丽娘焚香求神的传说，成就了“人为情死、人为情生”的传世名剧《牡丹亭》。

蒋经国先生在丫山亲自主办过百余人参加的“赣南干部讲习班”，倡导“人人为我，我为人人”的思想……佛、道、理、儒水乳相融，独具特色的文化使丫山更具神秘色彩。

随着人们生活观念的转变，亲近大自然、走进大自然是人们工作之余放松心情的主要活动。秉承打造最适宜的健身、养心、生态、休闲旅游景区理念的丫山风景区，越来越受到海内外游客的欢迎。人们三五成群自驾组团前往，见证古刹的千年灵性，探寻丫山的险峻神奇，呼吸清新的自然空气，感受原始的生态美景。特别是近几年，丫山风景区严格按照国家4A景区建设要求，完善道路、游客接待中心等各项设施，不断开设新的旅游项目。如今的丫山，以她娟秀甜美的身姿，神奇美妙的传说，原始生态的环境，一跃成为赣南生态旅游线上一颗最璀璨的绿色明珠。

（二）梅关古驿道

1.庾岭梅花——四大探梅胜地之一 >>>

庾岭因有着漫山遍野的梅花而得名，故又叫梅岭。梅岭的梅花树遍布岭南、岭北，每到冬天梅花怒放的时节，梅岭便成了梅花的世界。“庾岭寒梅”是我国历史上有名的四大探梅胜地之一，梅岭的梅花有两个特点：其一，据《南雄府志》记载：“庾岭梅花微与江南异，花颇似桃而唇红，亦有纯红者。岭上累经增植，白者为多。”其二，由于岭南、岭北气候的明显差异，梅岭红梅有“南枝花落，北枝始开”的独特自然景观，南枝先开，北枝后放，界限分明。

北宋著名文学家苏轼登梅岭赏梅，赋诗云：“梅花开尽杂花开，过尽行人君不来。不趁青梅尝煮酒，要看细雨熟黄梅。”他

从岭上梅花到古道行人，从梅花开放、花落到梅熟都做了生动的描绘。

2.梅关——兵家必争之地 >>>

梅关是梅岭上粤赣交界的一个隘口，秦时在此设关，叫梅关。梅关是南岭上最重要的关隘之一，关上耸立的关楼，为北宋时建造。

梅关被两峰夹峙，虎踞梅岭，如同一道城门，将广东、江西隔开。南雄梅关历来是南北交通要道，也是历代兵家必争之地。史称南雄“居五岭之首，为江（西）、广（东）之冲”，亦为“南北咽喉，京华屏障”。梅关现存的关楼建于宋嘉祐年间，为砖石结构，古朴雄伟。明万历年间，南雄知府蒋杰在关楼上立匾题刻，北面门额署有“南粤雄关”四字，南面门额则写着“岭南第一关”。在其北侧，有一块高

地 址： 位于大余县城南10千米处的梅岭山麓
荣 誉： 国家森林公园、省级重点风景名胜区、国家重点文物保护单位
门 票： 20元/人
交 通： 从汽车站坐专线公交车可达梅关风景区
联系电话： 0797-8772293

梅关

2.4米、宽1.4米的石碑。上刻“梅岭”两个楷书大字，每字约为0.67平方米，字体刚劲有力。关楼两侧有一副对联，上书“梅止行人渴，关防暴客来”。

3.梅岭古道——保存最完整的古驿道 >>>

梅岭古道从梅岭向南北两边蜿蜒而下，北接江西章水，南连广东浈水，像一条纽带把长江和珠江连接起来。梅岭古道是全国保存得最完整的古驿道。古道宽约为 2 米，路面整齐地铺着鹅卵石，道旁是繁茂的灌木丛，两侧山崖树木葱茏，层峦叠翠。岭下可见古人用来喂马的饮马槽,古道旁修建了一座半山亭，又名来雁亭。过去，梅岭古道沿途共有诗碑 136 块，记录了古代名人志士的名言诗句，现存至今的诗碑已不多。

梅关古道始通于秦汉，是古代沟通中原与岭南的5条交通要道之一。现存的梅关古道约长8千米，路面铺砌青石的鹅卵石，为唐代张九龄奉诏所凿。古道开通后，南北交通大为改观，梅岭古道成了连接南北交通的主要孔道，当时的百里梅岭古道十分繁华。据史料记载，这里“长亭短亭任驻足，十里五里供停骖，蚁施鱼贯百货集，肩摩踵接行人担”。

4.陈毅——梅岭三章 >>>

梅岭既是古战场，也是革命战争年代红军多次战斗过的地方，特别是陈毅同志带领部队在这一带坚持了三年游击战，并在临危之中写下了慷慨激昂、脍炙人口的《梅岭三章》，使梅岭的知名度更高。

《梅岭三章》碑刻

（三）牡丹亭

牡丹亭是著名的戏剧《牡丹亭还魂记》故事的发源地，明代戏曲家汤显祖以牡丹亭为背景写下了《牡丹亭还魂记》的故事，1997年在香港上映了这部戏剧之后，许多游客慕名而来，牡丹亭由此名扬四海。来到牡丹亭公园门口，便可以看到1995年按原貌重新修建的后花园。中间最为高大的建筑便是园中的主体建筑——牡丹亭。其他的建筑按照江南园林的建筑风格分布在公园的四周，使整个公园显得小巧玲珑、清新典雅，具有典型的江南私家园林风格。这里是一处集名胜古迹、地文景观、风土人情为主，融文化、古迹、建筑、娱乐为一体的主题景区，也是全县最大的文化公园景区。

牡丹亭为明清时代“南安府衙后花园十景”之最，当时名冠江南。它始建于明代以前，历尽沧桑，屡兴屡废，曾先后修葺过6次之多，于1929年在战乱中被焚毁。1987年，“南安府衙后花园十景”在县城东山公园旧址上重建，被命名为“牡丹亭

牡丹亭

公园”。牡丹亭于1995年开工兴建，于1996年竣工。正面亭眉悬挂曹禺书写的“牡丹亭”题匾，正北面亭眉悬挂沙孟海的“牡丹亭”题匾，内、外柱有钱塘许庚身题写的“光照临川笔，春分庾岭梅”。

地址： 位于大余县城东部，山清水秀的东山之麓、章水之滨

门票： 2元/人

交通： 自驾：到达大余县城，继续沿着323国道往南行驶约1千米到梅关大桥南头左拐进入，就可以游览被誉为“东方莎士比亚”的明代戏剧家汤显祖的名剧《牡丹亭还魂记》故事的发源地——牡丹亭公园

咨询电话： 0797-8722003

公园中心那个古朴重檐的八角亭就是牡丹亭，“牡丹亭”这三个大字出自曹禺的手笔。这处亭子在古代花园中是供人观赏牡丹花的地方，亭建八角，双层檐，上层具有精致的“亚”字形花格窗棂，底层内外各有八柱，整个建筑显得精致而严谨，具有很高的艺术价值。但使牡丹亭名扬天下的不仅是其建筑艺术，还有汤显祖笔下的名剧《牡丹亭》，正是“文以亭名，亭以文传”，牡丹亭和《牡丹亭》一剧才得以广为流传。现在大家所看到的牡丹亭是于1995年开工、1997年元月完工的新牡丹亭。曹禺、关山月等名家为牡丹亭的建成题写了词句“莫道此曲天上有，人间春歌处处闻”“遥祝牡丹亭新生”等词句。

七 会昌景点

（一）会昌汉仙岩

汉仙岩风景区位于江西省赣州会昌县筠门岭境内，坐落在闽、粤、赣三省交界处，为赣南最为典型的丹霞地貌景观，自古以来就有“虔南第一山”和“江南小蓬莱”之美誉，其自然

景观可以跟龙虎山和武夷山媲美，是镶嵌在闽、粤、赣三省边境上的绿色明珠。

相传，汉仙岩因八仙之一的汉钟离在此得道成仙因而得名，这里奇山异石，风景千姿百态，秀中蕴奇，置身其间，举目所见，皆为奇景。此地共有36景，景中有景，景景有传说，有大象出山、僧帽石、石笋峰、鹰蹲石、狮石、龟石、虎头石、猴子望月、石龙升天……这些景点均自然天成，景似人形，又似禽兽万物，栩栩如生，令人遐想联翩。景区中诸多绝壁险峰，直插云天，危岩突兀，翘首仰望，似摇欲坠，心胆齐颤，一线天如刀切一缝，窄、深、险、幽。汉仙岩的各个景点，兼具险、奇、秀、美等特色，进入景区，仿佛进入仙家圣境，并可尽情领略天公的雕塑艺术。由羊子岩、汉仙岩、盘古山、羊角古城和会仙温泉等部分组成，集碧水、丹山、古建筑、温泉、森林于一体。

会昌汉仙岩

地址：会昌县筠门岭镇
星级：4A
门票：30元/人
交通：江西省赣州市会昌县712乡道附近
咨询电话：5622662

（二）会昌邓小平旧居

会昌邓小平旧居

1932年5月，邓小平任会昌县委书记。同年6月至7月，邓小平受党的重托，在筠门岭坝笃下和芙蓉寨先后组建了中共会寻安中心县委和江西军区第三分区，并任中心县委书记、三分区政委。从此，邓小平坐镇中央苏区南大门，领导南线军民投身于轰轰烈烈的土地革命斗争之中。邓小平在筠门岭工作、生活了10个月。

邓小平到南线任职后，根据闽粤赣边区的实际情况，坚持以毛泽东为代表的正确主张，抵制王明“左”倾错误。一是加强了各县党政建设，发展党员3000多人，建立健全了县区乡各级党政组织；二是根据南线军事斗争需要，发展壮大赤卫军、游击队等13528人，采用灵活机动的“十六”字诀，粉碎国民党“围剿”；三是深入土地革命，贯彻执行正确的土地分配政策，重视经济文化建设；四是积极扩红支前，拥军优属，密切联系群众，关心民众疾苦，极大地激发了南线军民的革命热情。

邓小平在会昌卓有成效的工作，却受到王明“左”倾错误执行者的无情打击，被错误地打成“江西罗明路线”的主要代表，并于1933年3月被调离会昌。但他那一切从实际出发实事求是的工作作风；自力更生，艰苦奋斗的革命精神；在逆境中坚定革命信念，坚持真理的高风亮节；密切联系群众，关爱民众的优良革命传统，至今在会昌人民中传颂。

该旧址为清末客家民居，室内陈列有当年邓小平用过的脸盆和脸盆架。1987年，此地被江西省人民政府列为省级文物保护单位。

八 石城景点

（一）石城通天寨景区

通天寨位于石城县城东南5千米处的琴江镇大畲村、前江村境内，距县城6千米，因寨上主岩外如两指相钳，内若两掌半合，仰视苍穹通天而得名。通天寨海拔为601.7米，东西长3.5千米，宽2.5千米，景区内石山险峻，峰峦叠翠，是一处以观光、休闲养生、客家民俗展示和佛教朝圣为主的久负盛名的丹霞地貌风景旅游区，属江西省省级森林公园，也是赣州市首个省级地质公园。

石城通天寨景区

石城通天寨景区

地址：位于石城县城东南6千米的琴江镇大畲村镜内
荣誉：国家4A级景区；江西省省级森林公园、省级地质公园
门票：60元/人
交通：从县城直达通天寨景区
联系电话：0797-5733166

通天寨，素有“石怪、洞幽、泉美、茶香、佛盛”之美誉，寨上怪石如林，犹如丹霞横空；满寨龟裂石板，有“仙人犁田”之美誉；寨中清泉四季流淌，竹木青翠如海；寨下碧水环绕，四周青山连绵，土地肥沃，自然条件得天独厚。寨内所产通天岩茶，曾为清代贡品，历经百年不衰，每到产茶时节，满山清香四溢，令人心旷神怡；清晨或者雨后，到处云雾缭绕，使人如临仙境，寨下水域依山而成，清澈明净，曲径通幽；百亩荷花园千娇百媚、摇曳生姿，那“接天莲叶无穷碧、映日荷花别样红”的美景总让人流连忘返、沉醉不知归路。整个景区山水奇特，环境幽雅，“一泉一石，无不旖奇；一花一草，无不灵动”，丹山、碧水、绿树、红花和白雾浑然一体，美不胜收，是观光、休闲、探险的绝妙佳境。

通天寨内岩洞大大小小有几十个，其中最为著名的是通天岩，通天岩位于寨北部，外观似两指上扣，内看像两掌交合，顶部中间裂开，一线通天，好似一弯皓月。人在岩中，冬暖夏凉 。这是数十个岩洞中最为壮观的一个，曾有诗赞曰：“冉日层岩向面谋，珍稀遥隔半生秋。人惊星斗禅房近，我想烟云竹院幽。一带长江流石壁，几村茅舍上仙楼。部天疑是有消息，肯让先临美尽收。”通天岩上还盛产茶叶，其中又以马兰茶为上品，明清时期曾作为贡品进过京城。如今，在通天寨茶林品一壶贡品茶，既可观景，又可怡情，令人乐不思蜀。

通天寨具有奇特的丹霞地貌。都说通天寨上有三绝，一是一阴一阳同处一山的奇特景观；二是完全不经人工雕琢的千佛丹霞地貌；三是全国罕见的岩面龟裂地貌。中国地理学会地貌专业委员会委员、旅游地貌组长、丹霞地貌旅游开发研究会会长、中山大学地理系教授黄进同志曾于1996年11月14日考察了通天寨，认为在其考察过的中国300余处丹霞地貌中，只有在通天寨能见到如此典型的岩面龟裂地貌。还有南京大学张捷教授、江西省地调队尹国胜等学者、专家，都认为通天寨已经具备了申报国家级地质公园的条件。

（二）石城九寨温泉

石城九寨温泉度假庄园坐落于江西赣州石城境内，项目规模庞大，规划面积达8000亩，坐拥20平方千米的通天寨省级森

石城九寨温泉

位置：位于石城县15千米处的屏山乡迳口坡

荣誉：国家3A级景区，省级乡村旅游示范点

门票：108元/人

交通：从县城乘景区大巴直达景区

联系电话：0797-5763888

石城九寨温泉度假庄园

林公园，是中国最具特色的峡谷温泉度假景区。

庄园集旅游度假、休闲娱乐、生态人居于一体，内设温泉、SPA、水上乐园、理疗中心、星级酒店、度假公寓、客家庄园、生态居住小区、会议中心、美食中心、KTV、美容美发、西餐厅、乡下酒吧、茶艺馆、陶艺馆、果园、花园、菜园、小型牧场、烧烤、露营、网球、羽毛球、篮球、门球、沙滩排球、骑马、垂钓、摸鱼及户外拓展等多种休闲娱乐设施，有赣闽、粤客家三角区度假天堂之美称！

九寨温泉的疗愈功效远近闻名。自古以来，方圆数十里的村民，就常常成群结队，像朝圣般翻山越岭，徒步前往浸泡，浴后全身酥滑、清爽无比。根据省水文地质专家的测定，九寨温泉是江西乃至全国少有的“双料”温泉。温泉水温为59摄氏度，自流量达1800吨/天，温泉中含氟4.4毫克/升，含偏硅酸58.55毫克/升，大大超过国家医疗矿泉的命名标准，对治疗心脑血管疾病、糖尿病、痛风、神经痛、关节炎，以及软化角质、漂白肌肤等有很高的医疗、保健和美容价值。

（三）石城大畲荷花园

大畲荷花园

位置： 距县城约6千米

荣誉： 省级乡村旅游示范点

门票： 免费

交通： 从县城经琴江镇大畲村至景区

联系电话： 0797-5733177

盛夏的石城浓妆粉墨，分外妖娆！置身其中，如临人间仙境，看那“接天莲叶无穷碧，映日荷花别样红”的美景别有一番韵味。微风徐来，你会不由自主地沉醉在那百里荷花香中，不识归路……

（四）石城赣江源漂流

赣江源漂流号称“千里赣江第一漂”，位于江西赣江源自然保护区，是亚洲最刺激的漂流！

赣江源漂流刺激惊险、野趣横生。漂流景区负氧离子含量

地址： 赣州石城县横江镇赣江源村

门票： 全程漂：168元；逍遥漂：98元

交通： 自驾：赣州—石城赣州市区为180千米，赣州每天均有大巴往石城（约3小时）

咨询电话： 0797-5756000

石城赣江源漂流

达到每立方厘米 10 万个单位，实属全国罕见，有“天然氧吧”之称。这里层峦叠嶂、林莽苍郁、风光旖旎，您既可领略到鬼斧神工的大自然风光，拥有返璞归真之感；又可体验到原始漂流的狂野激情。

在这里我们远离了都市的喧嚣与纷繁，找到了一份心灵的自由与狂野，在这里您将尽情体验赣江漂流的刺激与快感！与浪共舞，尽显漂流本色！

赣江源漂流全长5千米，落差达320米，共有河湾80多个、险滩56个、水潭22个。漂流河段两岸绿影婆娑、层峦叠嶂、怪石嶙峋、飞瀑流泉；河滩水流湍急，浪花飞溅；深潭水色清碧，波光悠悠，倒影如画。

赣江源仙人谷漂流途经“仙人谷”“鲤鱼跃龙门”“三叠泉”“金龙潭”“七里荷塘”等 40 多个天然景点，令人叹为观止、流连忘返。

九 上犹景点

（一）上犹陡水湖

陡水湖因建上犹江水力发电站而成湖，水域面积为31平方千米，比杭州西湖大40倍。湖面处在群山环抱之中，形成长达264千米的湖岸线，拥有湖湾427个、湖心岛42个，湖面开阔处达500多米，视野宽广、波平如镜；狭窄处不足10米，仅容一舟通行。近年来，国家又相继在上犹江上建成罗边、龙潭等发电站，形成了“一线穿五珠、一江连五湖”的壮美景观，只见高峡平湖，百里烟波；岛屿港湾，鳞次栉比；火树银花，满江金龙，为犹江山水增添了耀眼的光彩。

1. 环境与风俗概况 >>>

远眺陡水湖，但见湖水环抱群山，叠山倒映湖中，湖光山色，美不胜收；近看湖水如绸如缎、恬静无痕，偶尔风生微波，荡起朵朵涟漪。由于环湖植被绿化状态极佳，加之湖水靠近源头，陡水湖的水体更显翠绿清澈。为优化陡水湖生态环境，国家将陡水湖两岸2.5千米内的21万余亩山地全部收为国有，实行移民动迁、封山育林，较好地保护了生态资源。由于几十年的封山育林，陡水湖两岸保存着良好的针叶混交林、常绿阔叶林，四季郁郁葱葱、苍翠欲滴。最美处当数花岗岩峭壁，其间怪石翼状、山势参差，石缝空穴、斜生古木，苍秀纷披、藤垂葛挂，云穿其枝、石护其根，石巅有树、树巅有石，水光映壁、渔歌回荡。特别是处于陡水湖深处的赣南树木园，是一座天然的自然博物馆，被称为中亚热带植物王国。现岛上栽有1700多种木本植物，采集有近万份植物标本，生长着52种世界珍稀濒危的保护植物，形成了专门的松杉竹林、八角林、芳香樟林，建立了桃花岛、李花岛等。整个树木园青翠蔽日、花艳溢香，在这里可呼吸到高浓度负氧离子的清净空气，享受天然的“森林浴”。

陡水湖四季温和湿润，冬无严寒、夏无酷暑，此气候适合人们休闲度假，有利于野生动物繁衍。1995年经江西省政府批准，陡水湖被列为省级风景名胜区，确定为赣州市绿色生态旅游点，为江西、赣南的生态旅游业呈献了一方神奇幽雅的秀水美山。2004年，陡水湖又被列为国家森林公园。

2.赣南树木园 >>>

在陡水湖北岸兴建的“珍稀树木森林岛”——赣南树木园，是世界珍稀濒危保护植物的“呵护岛”。与木园毗邻陡水湖的是古木参天的民俗风情岛。隐藏在这座孤岛上的“民俗风情苑”，就像原始森林里的一座座博物馆。匪夷所思的“人妖舞”、傣族的“竹竿舞”、苗族的“芦笙舞”……集民俗表演与生态休闲于一体的绿色文化和民间艺术，就在这一栋栋风格各异的“草堂”里轮番演绎。

3.太极八封湾 >>>

离民俗风情岛不远处的是“太极八封湾”，港湾上建有一个“车站博物馆”。这里完整地保留了20世纪赣犹森林小铁道终点站的原始风貌。这条被称为“世界旅游珍品”的窄轨铁道，从赣州出发，“哐当——哐当”地穿过时光倒流的隧道，让旅游者优哉游哉地享受着蒸气和汽笛的抚摸，重拾已经流逝的岁月。

过了太极八卦湾，便是营前墟镇。沧海桑田，在这座古风犹存的古镇里，黛瓦粉墙，木门、木窗依然保存完好；商贾酒肆林立，行人摩肩接踵，一派热闹景象。这里是赣南客家古代墟镇的代表。

太极八封湾

4.五指峰 >>>

闻名遐迩的五指峰就在营前墟旁，这是5座地跨湘赣，形似手指的峰峦，英武刚劲。它们全都以独有的方式，傲然地展示着自己的个性。在这里，“飞流直下三千尺”的壮观随处可见。猛烈的水流将列队成阵的石山雕琢成一头头安然不动的奇禽怪兽。距陡水圩1千米的陡水佛瀑，藏匿在西垅峡谷的危崖丛中。由陡水镇始发，途经松津竹韵的桂竹山庄，沿着峰回路转的游道，攀上峭壁连绵的龙潭口，隆隆的瀑布声悠悠入耳，仰首远眺，瀑高百米，一瀑三叠的白练恰如白龙下界。近观，迷雾漫漫的水帘里，俨然有一位正襟危坐的佛陀正在淋浴净身。陡水仙人佛瀑，由此而得名。

四川的乐山石佛是人工雕造的佛像，陡水瀑布水帘中的这尊菩萨，则是天然造就的石佛。阳光直射时，瀑布雾霭茫茫，霓虹万千，一派仙境景象……在森林、湖水、阳光、气候的共同作用下，陡水湖形成了丰富多彩、变化万千的气象景观。尤其是傍晚时分，湖面水汽徐徐上升，开始形成雾絮，涌上树梢；尔后形成雾团，奔入峡谷；最后形成雾海，包围了各个山头，包围了周围世界，它缥缈瞬变、宛若仙境，注目遐思，舒心荡肠，它呈现的是一种纯自然的美，一种毫无雕饰的美。

5.客家文化 >>>

陡水湖周围的居民都为客家人，保留着浓郁的客家文化传统。这里的民房多为“四扇三间”“双五头”，至今保存有几百年前的“扇形屋坊”“九厅十八井”等大屋、大厅，有时还可见到农家同宗祭祖，吃连台席、喝百家酒，大家划拳行令、醉酒对歌，而后披戴月色、举着火把、划舟入湖、扯网捕捞，直到晨曦初露，载歌而归。这里民风淳美、厚德载善，老百姓爱作“八景诗”，习惯门额题字、厅堂贴对，涌现了大量民间谚语、俚谣和传说。尤其是夜深人静之时，水棚上传来悠悠琴声“若虞舜南风之诗、孙子猗兰之操”，响起的唢呐声似“嵇康之声调绝伦、伯牙之高山流水”。陡水湖客家人艺术成就最高的是大型民间灯彩“九狮拜象”，活动时为百人阵营，规模恢宏，人们走村串户，送去吉祥。这些民俗景观和民间文化至今保存完好，来此可使游人一饱眼福、欢乐忘返。

陡水湖离赣州市较近，赣丰公路改造完成后，交通十分便利，从赣州城区出发50分钟即可到达景区山门。中国科学院的学者及其他旅游规划专家多次实地考察，从美感度、奇特度、多彩度、环境质量、娱乐价值、求知度、风土人情等方面综合评价，确定陡水湖有一级景点2个、二级景点9个、三级景点7个。现可观赏的景点有龙潭瀑布、铁扇关大坝、湖光山色、九曲览胜、狮象把水口、赣南树木园、民俗风情苑等。正在开发的有水上娱乐世界、儿童游乐城、动物园、百鸟林、客家风情园、垂钓水寨、游泳场、青山寺、皮夹沟森森火车站（包括开通赣州至陡水湖的旅游专列火车）。同时，陡水湖景区可连接齐云竹峰。待陡水湖的五指峰景区开发后，水路1小时即可到达，从而将奇峰、异树、石林、飞瀑、漂流、温泉、古庙共同纳入陡水湖绿色生态旅游圈。除观赏山水风光外，游人还可欣赏到客家歌舞，苗族、瑶族歌舞等表演，能品尝到各种鱼味及其他风味小吃。湖区内盛产各种旅游产品，主要有各种名茶、蜜饯、笋茹以及小石鱼、石伏鱼等，还有传统风味食品包米果、九重皮、云片子、豆巴子等。景区内拥有大量的盆景、根雕、竹藤织品、木雕工艺品，为游客所喜爱。

陡水湖风景区是江西省省级风景名胜区，距赣州市区70千

陡水湖

- **位置**：位于上犹县陡水镇
- **荣誉**：国家森林公园、省级风景名胜区
- **门票**：95元/人
- **交通**：从火车站、西河汽车站、上犹新车站、乘陡水公交车直达陡水湖景区
- **联系电话**：0797-8591088

米。地跨上犹、崇义两县，是赣南最大的丰厚水资源区地，水域面积达3100万平方米，蓄水量为8亿多立方米，森林面积为34万亩。湖面岸上四周有瀑布、铁扇关、狮象山、九曲览胜、美女峰、客家民俗等30余处风景。湖中有形态各异的湖湾427个、湖心岛有40余座。陡水湖绿水长青，水域无一受污染。湖中林地木本植物多达千余种，湖北岸有国家Ⅰ、Ⅱ类保护树种1700多种，形成了一个天然的南方树木博物园。林中栖息有金钱豹、穿山甲、蟒蛇、金猫、白鹤、獐鹿、麂、麝等野生动物。而落地于湖中的一座座岛屿更是郁郁葱葱，如翡翠宝珠，光气四达，沁人心脾。陡水湖气候宜人，空气清新无污染，加之良好的生态环境，让人旅游在这一方碧水之中，深感十二分的惬意。

陡水湖是江西赣南一处绿意盎然的生态湖泊。湖内岛屿星罗棋布，风姿绰约，沿湖四周，群山逶迤，层峦叠翠，湖中烟波浩渺，与水上人家构成一幅天然油画。逶迤的湖面面积有 31平方千米。湖下游建有中国第一座坝内式电厂。

这里自然天成的湖湾、丛翠碧绿的岛屿、茂盛葱郁的植物、惟妙惟肖的山石、渊源流芳的民俗无处不是画，无处不是诗。

陡水湖生态优美，气候宜人，空气清新，是休闲度假的理想环境。

（二）上犹五指峰

五指峰位于江西省赣州市上犹五指峰乡，距上犹县城 70 千米，距赣州市区 99 千米。因其境内有 5 座相依相连、状如五指的山峰而得名。五指峰天造地就，五指矗立，直插云霄，最高峰海拔为 1607 米，远看五指峰，仪态万千，形象生动。1994 年，五指峰被辟为旅游探秘景区，是国家级森林公园。

五指峰自然风景诸多，分布较广，山内奇峰异石，峭壁峥嵘，沟谷纵横，溪流密布，深涧秀瀑，竹木茂密，古木参天，巨藤攀崖倒坠，各种野生动物在林中生息繁衍。五指峰风景有奇特的石、崖、瀑、树、泉、雾，曲径通幽，步步得景。登山入林，仿佛如临仙境，大有“入目高山生翠霭，穿云下瀑泻银河”之感，神秘而又风光绝伦，是探幽观光的最佳胜地。五指峰如五指矗立，直插云霄，最高指峰海拔为1607米，远观五指峰仪态万千。它的雄姿，较之井冈山的五指峰、海南省的五指山，更为形象、更为生动，从而更富有美丽动人的传说；鹰盘山石笋如林，黄山松傲立石壁，笑看苍山；迎客松亭亭秀立，礼待彩云。时有珍禽异兽玩耍于石笋之间；睡女峰如少女仰卧，安详平静，其神情倩影，仿佛在等待“牛郎”下界。还有盘古飞石、仙人劈柴石、绵羊石、仙鸭石、将军石，蛤蟆王石等山石景观形神兼备，惟妙逼真。热水温泉区域内的热水温泉，水温达42摄氏度，宜理疗沐浴，令人深感温馨和惬意。还有蕉坑、马尾水多级瀑布，瀑水落差近百米，气势磅礴，蔚为壮观。

盘古仙寺位于三家村西面山顶，有一状如鸡蛋的巨石，恍若天外飞来，传说是开天辟地的"盘古仙"所为，故名"盘古飞石"。石下有一大山洞，建有寺庙，传说为北宋始建，洞中庙内有18座浮雕佛像，面孔神态各异，至今保存完好。

五指峰国家森林公园古木参天，物种丰富。有较多的古第三纪植被资源。森林植物主要有南方红豆杉林、柏林、长苞铁杉林等30多个类型。有高等植物138科2200多种，其中有国家一级重点保护野生植物5种、国家二级重点保护野生植物22种，省级重点保护野生植物78种，大多处于原始或半原始状态。

五指峰国家森林公园优越的生态环境为大量野生动物提供了休养生息的场所，有豹、黄腹角雉、金雕、梅花鹿、黑麂、蟒等国家一级保护动物7种，穿山甲、猕猴等国家二级保护动物10余种。五指峰境内是候鸟迁

位置：位于上犹县五指峰乡，距县城56千米

荣誉：国家森林公园

门票：免费

交通：乘坐上犹—五指峰的班车到黄沙坑村下车

联系电话：0797-8543270

五指峰

徙的主要通道之一，被列为世界候鸟观察站之一。

五指峰国家森林公园山、崖、石、瀑、泉、林、雾等自然景观千奇百怪、多姿多彩。气势磅礴的山、云雾缭绕的峰、奇特别致的石，构成了森林公园的主旋律。博大的高峡平湖、飘逸的山间瀑布、潺潺的九九曲水、激情的地热温泉、惊险的峡谷漂流，丰富了森林公园的内涵。

（三）上犹燕子岩

上犹营前燕子岩生成于远古的造山运动，山石向上隆起，形成了罗霄山脉，将本是一片汪洋的上犹县五指峰山区由海洋变成了陆地，从此赣江便由南向北流去汇入滚滚长江。这里的水是碧绿的，清澈见底，河床上全是滑滑的各种颜色的花岗岩质鹅卵石。河床宽窄多变，水道深浅不一，宽的水面可以任人畅游，窄的只有一线天缝。在崖谷两岸壁立千仞的悬崖上，诡秘神奇的隧洞、凹槽处处可见；横空出世的悬石、立石比比皆是；幽曲的河床上，形状各异的“冰臼”“天坑”“玉洞”“陨石坑”“石盆”“陷坑”“刀脊”“妖坑”“猫耳朵”数不胜数；峡谷中每一尊亭

上犹燕子岩

地址：江西省上犹县营前镇诸广山东侧

交通：从新车站到上犹车站，然后从上犹车站乘车到营前，从营前去燕子岩就不是很远了，自己开车去也很方便

咨询电话：0797-8176838

亭的立石、每一口灿烂的彩潭、每一扇妖冶的峭壁，都被摄影者们称为“梦中的风景”。此地因有许多石燕从峭壁岩洞中飞出而得名。峡谷总长为 12.5 千米 ，处处皆是悬崖陡壁，水道时浅时深，人迹罕至。由于长期被密集的植被遮盖着，这个“神秘峡谷”的生态系统完整地保存了原始的自然状态。燕子岩不光有秀丽的风光，还是一个神秘的处女地。

十 崇义景点

（一）崇义阳岭

阳岭景区是国家 AAAA 景区、国家森林公园、中国生态旅游示范区实验基地、全国首批农业旅游示范点，位于江西省崇义县县城的南郊，是与赣、粤、湘三省交界的“金三角”，古称“观音山”，总面积为 6.8 万亩，是江南面积最大、物种最多、保护最好、离县城中心最近、开发潜力最大的生态旅游风景区。

阳岭是一座自然人文景观荟萃之山。方圆十余里，景观遍布，有秀峰三十六座，飞流瀑布九处，竹海十万亩，杜鹃百顷。云海、兰溪、奇石、雨林、杜鹃、竹海是“阳岭六绝”。境内竹海齐云，古木参天，峰峦叠嶂，泉甘溪曲，藤古树珍，四时花木广布，珍禽异兽群集，保存了完好的亚热带原始森林风貌。并有云隐寺、“五福九寿”石刻等多处古迹，自然景观、人文景观荟萃其间，融会合璧，交相辉映，璀璨夺目。这里空气负离子平均值达到 9.6 万个 / 立方厘米，其中兰溪瀑布区空气负离子最高值为 19 万个立方厘米，被上海大世界基尼斯总部授予“空气负离子最高的风景区”。景区内有全国三大沟谷雨林之一的阳岭沟谷雨林区，是全国可进入性最好的一处。雨林五步一泉，十步一瀑，沟谷两岸林木挺拔，藤林粗壮。主峰阳岭，依天耸立，雄奇壮观，巨壁峭立，登临凭栏，极目远眺，茫茫林海，百里方圆，尽收眼底。山顶周边保存有目前我国最大面积、集中连片的野生杜鹃林4000多亩。“人间四月芳菲尽，山中杜鹃始盛开”。每年3月至6月，漫山红遍，层林尽染，姹紫嫣红。

阳岭还是一座丰富的生物基因库，有4800亩的原始森林，森林覆盖率达96.8%。据初步调查，这里有木本植物87科371种、动物1150种。其中有国家一、二类保护树种水杉、秃杉等

地址： 位于崇义县城南郊

荣誉： 国家AAAA级景区、全国农业旅游示范点、国家森林公园、中国生态旅游示范区实验基地、江西省自然保护区

门票： 40元/人

交通： 从崇义汽车站到阳岭国家森林公园仅5分钟车程

联系电话： 0797-3814443

阳岭

阴岭景区

13种、省级保护树种63种；国家一、二类保护珍稀动物有黄腹角雉、金钱豹等32种，省级保护动物13种；昆虫蝴蝶千余种。1990年在景区内采集的2种蝽科昆虫标本为世界首次发现的新种。阳岭山底为常绿阔叶林，山腰为针阔竹混交林，山顶为杜鹃矮林（是一种独特的矮林群落），具有明显的、独特的垂直自然带特征，极富科学研究价值。

在阳岭，原始森林风光独秀，气候宜人，客家文化、竹文化、寿文化融合其间，自然、人文景观合璧，璀璨夺目。这里空气清新、降水充沛、林丰竹旺，是集寻幽探险、考察考古、休闲娱乐、养生休闲于一体的旅游胜地。

（二）崇义上堡梯田

上堡梯田是国内三大梯田奇观之一，位于江西省赣州市崇义县西部齐云山自然保护区内的上堡景区，有近万亩高山梯田群落。

上堡梯田距崇义县城 50 千米，距赣州市城区 127 千米，梯田依山势开建，连绵数百亩，又有零星村落点缀其间。在耕作期里泉水自山顶向山下逐层灌溉，气象万千，收获时节丰富的农作物又给梯田增添了无限生机。这是客家人长期在自然环境中求生存、求发展的历史见证。

上堡梯田位于面积为148平方千米的上堡乡，海拔为1741米的赣南地区第二高峰——华仙峰周围。上万亩梯田就散落在华仙峰周围的南流、良和、赤水一带，梯田的垂直落差达近千米，位置最高的田块在海拔1260米的高山处。有的梯田从高到低不断延续，竟然达百层之多，就像一条条长梯，架搭在山间岭谷，特别是在南流村周围的梯田，高高低低，层层叠叠，涌向天际，令人叹为观止。

上堡梯田

地址： 上堡梯田位于面积为148平方千米的上堡乡，海拔为1741米的赣南地区第二高峰——华仙峰周围

交通： 到汽车南站坐赣州到崇义的中巴，路况为全新路面。每半小时一趟。到崇义后坐中巴到上堡，全程水泥路面。一天发5趟车，最早的是8点，最晚的是15点，行程为一个半小时，票价为11元。

咨询电话： 13979739500

（三）江西齐云山

齐云山是诸广山脉的主峰，海拔为2061.3米。位于湖南省桂东县普乐乡和江西省崇义县思顺乡、上犹县五指峰乡交界处，2012年，齐云山自然保护区晋升为国家级自然保护区，总面积为15平方千米。山林由花岗岩组成。山势巍峨，终日云腾雾绕。山顶有一平台，面积约为500平方米，绿草覆盖。山上为茂密的原始森林，阳坡山脚有落叶与常绿针阔叶混交林、常绿阔叶林。海拔1000米以上仅有高山矮林（灌木林），越高林越稀少，山顶只有草。栖息着多种野生动物，主要有猴子、乌獐、鹿、石羊、锦鸡等，据传，在山顶毛草丛中偶有华南虎出现。科学考察表明，齐云山国家级自然保护区生物种类繁多，保存了较完好的自然生态系统，孕育了独特的生物群落，成为野生

景区地址：江西赣州市崇义县思顺乡
咨询电话：0797-3813866

齐云山

动植物理想的生长繁衍场所。保护区内已查明的高等植物有2843种，其中含国家Ⅰ级重点保护植物3种、Ⅱ级重点保护植物14种，兰科植物74种，国家珍贵树种一级4种、二级10种，列入《濒危野生动植物种国际贸易公约》（CITES）附录名单36种。在主峰上放目远眺，三省（湘、赣、粤）八县（桂东、汝城、资兴、炎陵、上犹、崇义、大余、南雄）尽收眼底。往下看，三丫石如同三支巨笔，耸立于主峰南侧；白云似洁白的羊群，奔走于峡谷之间、丛林之上；一条条江水如同白练，穿行于群峰之间，粼光闪烁。

齐云山山高地阔，特别是雨后初晴的早晨，万里长空碧蓝如洗，山下白雾水平如镜，无边无际；远处一个个山头，有如万顷碧波中一个个小岛浮出海面。当朝阳从地平线上缓缓升起时，万里雾海染上一抹淡淡的红色，格外壮美。

十一 信丰景点

（一）信丰百里脐橙带

百里脐橙带位于信丰县大塘埠长岗村。穿越全县南北60余千米的105国道两侧8千米范围内建有一条百里脐橙风景带，距县城约有13千米。这是一条国内独特的生态农业观光带，西起信丰，穿越安远，东至寻乌“橙香百里”，属农业旅游示范点。它的核心景段——“客乡橙园”，长岗以“猪—沼—果”综合开发而声名远扬。信丰种植脐橙约有30多年历史，目前种植面积达26万多亩，挂果面积达7万亩，年产量达10万吨，其

地址：位于信丰县大塘埠长岗村。穿越全县南北60余千米的105国道两侧8千米范围内建有一条百里脐橙风景带

品种多样、色泽鲜艳、果大无核、风味长久等特点驰名中外，是名副其实的“中国脐橙之乡”。漫满山遍野的脐橙果园，成为国内独特的生态农业观光带，既可让人们领略到“中国脐橙之乡”万绿丛中点点红、柑橘弄风阵阵香的醉人风光，又可栖身在赣南这个著名的客家大本营中，体验客家风情，观赏橙园美景，品尝橙果美食，吃农家饭、住农家屋、看农家景，尽享山乡气息，仿若世外桃源，令人流连忘返。置身方圆百里的橙海之中，那无边无际的绿色，沁人肺腑的芳香，让人仿佛进入了梦幻般的世界。金秋时节，橙园醇香，果实累累，绿叶橙果，一派丰收的美丽景色，田园风光尽收眼底。此外，果园每年在3至5月产出枇杷；6至7月产出布朗李；10至12月份产出脐橙，一年四季鲜果不断，果香美景，吸引着游客的到来。来到此地的游客都能亲自参与果实的采摘，体验趣味的乡村农家休闲旅游。这里是一个集休闲农业、旅游度假、种植采摘为一体的综合开发性的生态农业休闲旅游胜地。

（二）信丰大圣寺塔

大圣寺塔位于江西信丰县城，因塔上发现木雕像铭文“大圣寺”而得名，相传大圣寺塔建于三国赤乌年（238年）。据

《赣州府志》称：宝塔寺在县城北教坊，中为大雄宝殿，殿内宝塔为吴大帝赤乌年间所建。唐贞观元年（627年）重修，晚唐时期被毁，宋治平六年（1064年），县民在原址上重建宝塔。

大圣寺塔为九级六面楼阁式砖塔，穿壁平座，塔内楼共17层，有明、暗层之分。每级设有平座、檐、廊、栏杆、砖叠涩出檐，檐下为砖砌额坊，各层辟有真、假门各有3扇。塔身各角为八棱柱。塔内有藻井并绘有彩绘，塔顶为坊，塔刹由覆盆、相轮、宝珠等组成。塔座占地90平方米，1953年至1954年，年国家文物局曾先后两次来县考察，第一次取下木雕像一尊，铜钱数枚，一为“开元”，一为“大观”；第二次发现木雕像一尊，像上有铭文，

位置：位于县城北隅原孝义坊祝圣寺后，县城中心地段
★ **荣誉**：全国重点文物保护单位
门票：5元/人

大圣寺塔

云“朱叶氏及妻来大圣寺，在塔上供养……”，字迹苍劲，似宋人手迹。

十二 安远景点

（一）安远三百山森林公园

安远三百山森林公园是国家级风景名胜区、国家森林公园。公园由300多座山峰组成，总面积为333平方千米，是香港同胞饮用水——东江水的源头。主要景点有东江第一瀑、九曲十八滩、三叠瑶池、知音泉、天印奇松、福鳌塘、高峡飞虹、将军椅、双乳峰等。

三百山位于江西省安远县东南部边境，是安远县东南边境诸山峰的合称。东邻寻乌县，其地跨濂江、风山、镇岗、新园4个乡。地处赣、粤、闽三省交界处，属武夷山脉东段北坡余脉交错地带，是长江水系之贡江与珠江水系之东江的分水岭。三百山是东江的发源地，是香港同胞饮用水的源头，也是全国唯一对香港同胞具有饮水思源特殊意义的旅游胜地。

三百山国家森林公园属中山高丘地貌，中山逶迤、重峦叠嶂、危崖奇石、峰奇石异。山内满谷纵横，溪流密布，剑河深涧，水秀瀑雄。三百山及其附近

地址：位于江西省安远县东南部边境
荣誉：国家4A级景区、国家风景名胜区
门票：50元/人
交通：旅游大巴、自驾游车可直接到达景区，赣州至安远每天一趟车（15：30），安远—三百山班车可直接到达度假区
联系电话：0797-3708888

安远三百山森林公园

300多平方千米山地上森林茂密，古木参天，巨藤倒挂，遮天蔽日。三百山国家森林公园集山势、林海、瀑布、温泉四大自然风景奇观为一体，山水林石俱美，原始、古朴、清寂，一年四季气候温凉，舒适宜人。

三百山国家森林公园又属寒武纪火山，其景观集火山构造、奇峰幽壑、清溪碧湖、飞瀑深潭、密林古树、珍禽异兽、怪石险滩、温泉等诸奇景于一体，融清幽、奇秀、雄险、古朴等特色于一炉，是一处纯天然、高品位的风景名胜区，尤其是清澈秀丽的东江源，壮观密集的潭瀑群，保存完好的常绿阔叶林，无可挑剔的环境质量，堪称三百山的“四绝”。

三百山国家森林公园现已发现景观、景点共68处，其中含国家一级景点10处、二级景点27处、三级景点31处。气势恢宏的福鳌圹瀑布被人们称之为“东江第一瀑”，怪石嶙峋的旱峰滩被誉称为“东江第一滩”，东风湖青山拱翠，俯影沉碧；九曲十八滩、潭密接，步移景换，知音泉危崖耸立，双瀑对鸣，实为天下绝景；三叠瑶池三瀑三潭，远绝尘寰，乃真正的人间仙境。玉兔思凡、神龟饮泉、双狮逐鹿等一系列峰石景观形神俱备，惟妙惟肖；杜鹃闹春，红枫迎秋，百鸟争鸣，虎啸猿啼等动、植物景观千姿百态，各有千秋。林海日出、竹林弯月一旷一幽，令人心驰神往；云雾雨雪、彩虹、雨凇树挂瞬息万变，使人流连忘返。

（二）安远东江源三百山镇虎岗温泉度假村

热泉河汤谷温泉坐落在风景区名胜东江源三百山脚下，总占地面积为3.5万平方米，现开放有室内SPA水疗区、健体药疗区、鱼疗区、足浴区、美食娱乐区、洗浴区、主楼休息区，温泉水全部系地热自然温泉直接由地下引入池内，最高温度可达79摄氏度。据深圳市计量质量检测研究院的权威研究结果显

地址：江西省安远县三百山镇虎岗温泉度假村

热泉河汤谷温泉

示，热泉河汤谷温泉水中饱含锂、锌、碘、偏硅酸等多种有利于人体健康的珍稀矿物质，其中偏硅酸含量极为丰富，高达122毫克/升。长期浸泡，不仅有利于促进人体细胞再生，还可以抗击疲劳、美白肌肤及治疗各种疾病，如风湿类关节炎、皮肤病、神经疼痛等，是一个标准的疗养型温泉。这里将会是您参加旅游团队、自驾游的最佳选择。

（三）安远无为塔

无为塔建于宋代，是江西省重点文物保护单位，位于江西安远县城西侧，于宋绍圣四年（1097年）建造，高达61.3米，是一座外观为六面九级的古塔，塔内设有明、暗层共计17层，从阶梯步行可登至塔楼顶层，站在古塔的最高层，安远县城一览无余。无为塔迄今已有900多年的历史。

无为塔

（四）安远东升围

东升围是赣南具有代表性的客家围屋，是一座具有客家建筑艺术和地方文化特色的“土围子”，围屋呈“回”字形。此围建于清道光二十二年（1842年），由当地“二品武功将”陈朗庭所建，至今已有171年历史。围子外貌雄伟壮观，坐东朝西，长87米，宽65米，占地面积为10391平方米，围子四周均建有高出一层的炮楼。围屋高9.3米，炮楼高13米，墙厚1.3米，共有4层。围内共有房屋299间，有7扇大门进入，7条街道在围内环绕相通，四通八达。深入其中，稍不留神，犹如隐入迷魂迷阵内，很难再出来。每条街道均用河石砌筑水沟，由鹅卵石铺设路面，晴天可在街心走，雨天沿墙水径直行走，真可谓“晴天不暴日，雨天不湿鞋”。围子外围三层楼，间间相通，登上长廊，一进门，便一览无余，畅通无阻，俗称“走马楼”。行走其间，每到一处都可从枪眼向外观察、瞭望，对外面的情况可了如指掌。围屋外壁三面互不同檐，俗称“风火檐”，可防火攻。围墙脚用桐油石灰铺设护坡，外再开挖1米多深、3米多宽的壕沟。整座围屋建成防火、防水、防盗、防震和抵御外侵的土木结构建筑，被誉为“刀枪不入，水火难攻，易守难攻”的“土围子”。

地址：位于江西省安远县镇岗乡老围村境内
荣誉：江西省重点文件保护单位
门票：免费
交通：安远县城至镇岗乡公交巴士到达
联系电话：0797-3776129

安远东升围

十三 寻乌景点

（一）寻乌青龙岩景区

寻乌青龙岩景区位于南桥镇青龙村，此处石岩屹立，岩高数十丈，石窟玲珑，大小石窟约有百余处，穴下瞰溪坛前为僧寺，佛像成群，其中有一尊大佛高 9.98 米，蔚为壮观。“幽径云边转，寒溪寺下流”是青龙岩胜景的生动写照。溯流而上，可见庞然大物“左狮右象”，以及仙人造字“福如东海”“石伞飘兵”“丝线吊金钟”等许多自然景观。从青龙岩西行还有“鳄鱼下海”“石压蛤蟆”“一线天”等景观。此外，还有“青龙仙迹”“出米洞”“仙人石”等美妙的神话。青龙岩以它奇特的自然风貌、形态多姿的石岩景观而被列为“寻乌八景”之最。近年来，青龙岩已开辟了一条 5000 余米的“水上观景线”，溯流而上或顺流而下，沿途可观赏到几十处自然景观。随着风景区温泉的开发和利用，这里已形成了集游览、休闲、娱乐于一体的风景旅游区。

地 址： 寻乌县青龙岩，位于寻乌县与广东平远交界处

寻乌青龙岩景区

（二）寻乌革命历史纪念馆

馆址位于寻乌县城的马蹄岗，占地8000平方米，主要有毛泽东旧居、寻乌调查陈列室、红军医院、红四军干部会议旧址等景点。该纪念馆保留了当年革命先烈曾经住过的简单房屋，留有毛泽东、朱德、古柏等老一辈革命家在此战斗过的痕迹。此地是中国革命红色政权建立基地之一。

寻乌革命历史纪念馆

地址：江西省寻乌县长宁镇中山路136号

（三）东江源头第一山——椏髻钵山

椏髻钵山位于寻乌县三标乡北部，是广东省东江主流水源的起点，香港同胞所饮东江水干流的源头。椏髻钵山南坡森林茂密，人迹罕至，空气清新宜人，是一个天然氧吧。其南坡进入峡谷，泉源无数，涓涓细流汇入山间小溪，从石崖直泻形成瀑布，溪水清澈见底，游鱼可数，游客尽情于山水之间，是游山玩水的绝好去处。

椏髻钵山，景区面积为29.8平方千米，分水岭高程为1101.2米，境内河道长约120千米，自北向南贯穿全县，流经三标、水源、澄江、吉潭、长宁、文峰、南桥、留车、龙廷9个乡镇，于龙廷乡斗晏村渡田出口，汇入东江。

椏髻钵山所处区域亚热带季风湿润气候，具有热量丰富、雨量充沛、阳光充足、四季分明的特点。常年平均气温为16摄氏度，降水充沛，年平均降水量为1634毫米，光资源丰富，源区年日照时数为1736小时。

椏髻钵山

地址：位于江西省寻乌县三标乡三桐村境内，地处寻乌、会昌、安远三县交界处，是东江水系的分水岭

椏髻钵山境内林木葱翠，动植物繁多，拥有林木100余科，1200余种。主要有杉木、马尾松、桉树、油茶、油桐等。动物种类有1000余种。主要以穿山甲、麂子、野牛、竹鸡、鹧鸪为主，节肢动物有昆虫纲、多足纲、蛛形纲、甲壳纲等等。椏髻钵山土地面积达29.8平方千米，其中含林业用地23.9平方千米，森林面积为3.7万多亩，森林覆盖率达80.2%，超过全省森林覆盖率17.1%，毛竹林面积为1.47万亩。

（四）罗塘谈判旧址

罗塘谈判旧址位于寻乌县罗珊乡原乡政府大院内。1934年10月上旬，中央红军在第五次反“围剿”失利后准备长征的前夕，根据朱德、周恩来的指示，中央委派何长工、潘汉年从会昌到罗塘，与广东军阀陈济棠部代表杨幼敏等人进行秘密谈判，谈判取得了成功，并达成5项协

罗塘谈判旧址

地址：从寻乌县城出发，驱车往北56公里走进群山环绕的罗塘乡

议。罗塘谈判的成功，为中央机关和中央红军实行战略突围转移，顺利突破国民党军的第一、二道封锁线创造了有利条件，具有重大历史意义。

该旧址建于1914年，原为天主教牧师住房，坐北朝南，为河石、三合土夯筑成的石灰墙体、两层瓦面的小洋楼，一厅四间，面宽14.6米，进深11.5米，高8米，现基本保持原貌。2006年，此地被江西省人民政府列为省级文物保护单位。

（五）圳下战斗旧址

1929年2月2日，毛泽东、朱德率领的红四军主力在开辟赣南、闽西新的根据地时，途经寻乌吉潭镇的圳下村，并在这里与尾追而来的敌军刘士毅的部队，展开了激烈的战斗。

为开辟赣南、闽西新的根据地，1929年1月14日，毛泽东、朱德、陈毅亲率红四军3600多人从井冈山出发，经遂川、上犹、大余、安远向闽西挺进，一路上与尾追而来的敌军刘士毅部队且战且走，同年2月1日，红四军到达四周群山环抱，中间有一块几百亩狭长田垄的寻乌吉潭镇圳下村宿营。当时，毛泽东、朱德估计尾随红军的赣省敌军刘士毅部队可能在第二天早上赶到，便及早做了应变准备，根据圳下村的地理环境，毛泽东对军队的驻防做了以下部署：军部和政治部分别驻田段中间的文昌阁里；红三十一团为左路，担任前卫警戒，驻田段两面；红二十八团为右路，担任后卫警戒，驻文昌阁后和大营岗一带；特务营跟随军部。

翌日凌晨，天还未亮，部队大部分人吃完了早饭，正整装待发，尾追红军的刘士毅部队2个旅4个团共6000多人突然向红军发起进攻，并很快把红军部队分割开来，把毛泽东、朱德、陈毅和军部包围在围子里。负责掩护军部警戒的林彪由于也遭到包围，无法掩护毛泽东、朱德脱险。在这情况十分危急的关头，毛泽东、朱德亲自指挥红军进行战斗，时任政治部主任的陈毅带领红军指战员，勇猛地向前冲，和敌人展开了肉搏战，杀开一条通道，掩护军部向外突围。

天亮时，毛泽东、朱德、陈毅和红军大部队胜利地冲出了敌人的包围圈。这次战斗由于双方力量悬殊，红军损失很大，朱德的妻子伍若兰在战斗中遭捕（后在赣州被杀害），毛泽覃也身负重伤。

地址：位于吉潭镇圳下恭安围

十四 龙南景点

（一）客家围屋

龙南县位于江西的最南端，有“江西南大门”之称，龙南旅游资源非常丰富，有国家级重点文物保护单位——关西新围、国家级自然保护区——九连山、省级风景名胜区——小武当山等等。龙南矿产资源很丰富，重稀土储量居世界之首，被誉为“重稀土之乡”。客家围屋是颇具特色的客家民居，是客家文化的重要物化载体，它充分体现了客家人的高超建筑艺术，不仅被建筑学家誉为民俗建筑史上的奇迹，而且其深厚的文化内涵更使历史学家、民俗学家、艺术家及众多的游客为之陶醉。客家围屋与北京的四合院、陕北的窑洞、闽西的土围楼合称为“中国四大古民居”。

龙南位于江西省的最南端，毗邻广东和平、连平县，素有“江西南大门”之称。自南唐保大十一年（953 年）建县以来，已有千余年历史，是闽、粤及海外客商人的原居地。赣粤高速、京九铁路、105 国道三条交通大动脉在此纵横贯通。全县拥有人口 30 万，国土面积达 1641 平方千米。境内四季分明、气候宜人、山川秀丽、风情醉人。在气势恢宏、壮观的小武当山上，99 座丹霞峰林绵延不绝，如十里画卷徐徐展开；九连山国家级自然保护区的亚热带原始森林旖旎迷人，珍禽异兽出没其中，享有“南岭翡翠”“动植物王国”之美誉；玉石仙岩（阳明书院）碑林重现了王阳明等前贤们传学布道的身影；龙头滩瀑布飞流直下，可与庐山三叠泉相媲美；具有浓郁客家风韵的“土围子”令人生发无限遐思……在这 1600 多平方千米的土地上，大自然的鬼斧神工和悠久的人文历史，造就了许多神奇峻美的自然景观和客家文化风情。走进龙南，你可触摸到客家历史的体温；走进龙南，你可徜徉于绿色海洋……

客家围屋是客家文化的实物载体，它保存了中原远古风情习惯、生活方式，是古代客家民居的主要建筑形式。它集家、祠、堡于一体，墙体由青砖或花岗砌成，易守难攻，非常坚固。赣南以方围为主，其数量之多、规模之大、风格之特别、保存之完好，龙南为全国之最，并于 2007 年 10 月 25 日被上海大世界基尼斯立项为“拥有客家围屋最多的县”。一般有三四层，大的有 9 栋 18 个厅，内有粮仓、水井、排污道、草坪、戏台等，最具有代表的有关西新围、杨村燕翼围、里仁栗园围、杨村燕翼围以及桃江龙光围等。

关西新围位于县城东15千米处的关西镇内，是国家重点文

地址： 位于龙南县关西镇内
荣誉： 国家4A级景区
门票： 10元/人
交通： 从滨江广场坐公交车直达关西新围景区
联系电话： 0797-3530110

物保护单位，正准备申报世界文化遗产，是第十九届世界客属恳亲大会指定参观点。它建于清代嘉庆至道光年间，迄今有200多年历史，是关西名绅徐名钧所建，费时29年，占地面积为7700余平方米，与围屋配套的附属设施有1万余平方米。围屋呈长方形，四角布有4个炮楼，外墙高10多米，壁厚1米。围内曲径通幽，轩廊飞檐，画彩镏金的精致风格与围外格调形成“外刚内柔”的景致。整体建筑按五组排列，前后三进，共14个天井，正中为祠堂，对称分置18个厅，围内通道贯穿各列建筑，百余间房屋布局科学、结构严谨，不仅具有安全防卫、防风、抗震、调节阴阳、冬暖夏凉等实用功能，而且承载丰富的客家文化内涵。

杨村燕翼围是全国重点文物保护单位之一，是该县目前历史最长、保存最好、建筑高度最高、最为坚固、防御功能最齐的一座客家围屋，其考研价值和观光效果远在其他围屋之上，且当地还保存着比较浓郁的客家风情。

里仁栗园围始建于弘治辛酉年（1501年），为明代五品大员李清公所建，是龙南县最大的客家围。其状为八卦围，周长789米，面积为68亩，墙厚0.6米，2层，按八卦演化在东、南、西、北四个方向均建有围门，四周角落遍布有12个炮楼，围内有围中围，围屋建筑规模宏大，风格迥异，生活设施布局科学。围内主要建筑布局以“一祠三厅”为核心。历经507年的纪缙祖祠气势甚为恢宏，堂内雕梁画栋，镂刻抖拱。大堂顶部清晰可见的历史故事彩画见证了其浓厚的文化气息和悠久的人文历史。栗园围不仅具有客家围屋普遍具备的防御功能，而且依风水原理布局建宅，增强了生产、休闲、文教功能。橘瑞堂门前有鱼塘面积6.6亩，体现了客家人一脉相承的勤生产、重文教、图发展的人文特色。它是客家围屋中罕见的八卦型围屋，恢宏的建筑规模和厚重的人文历史使其成为赣南客家围屋中一颗璀璨的明珠。

杨村乌石围是典型的前方后圆的围屋，中央电视台曾多次在此围屋拍摄反映客家人生活的节目，现吸引无数海内外游客

龙南栗园围址： 位于龙南县城的里仁镇内
荣誉： 国家农业旅游示范点、江西省十大魅力乡村
门票： 10元/人
交通： 从滨江广场坐公交车直达栗园围景区
联系电话： 0797-3501120

到此观光。

龙南客家酒堡位于里仁镇新里村渔仔潭，距县城10千米。渔仔潭现有李、黎两姓农户28户，人口153人，是一个依山傍水、拥有300多年历史的原生态古村落。渔仔潭围始建于清朝嘉庆年间，距今有200年历史，是由李姓先人种植淀坊（一种染布原料）发家致富后所兴建。围屋南北长55米，东西宽45米，占地2475平方米，围内建有3层结构民房，共有住房126间，另建有炮楼4座，围墙四周布满枪眼，围内曾常年储藏可供居民生活3个月的粮食和米酒，是典型的防御型客家围屋。

从清朝道光至光绪年间，围内先后有3名李姓族人考取进士功名，据说他们都是文采飞扬、喜好作赋的酒中豪客，备受族人推崇。酒文化在渔仔潭具有深厚的历史底蕴，至今，家家户户都保存酿酒的传统风俗。依托渔仔潭优美的原生态环境和客家人热情好客的饮酒文化，渔仔潭围绕赏酒、品酒、藏酒三大主题，建成了酒文化展览、酒类品尝、传统酿造工艺演示、游客服务、艺术创作5个功能区，通过发展客家米酒和农家乐产业，增加农民旅游收入，打造成集品尝、收藏、艺术创作展览交易、旅游观光为一体的“客家酒堡”，争创客家围屋收藏酒类品种的吉尼斯世界纪录之最。酒堡建成后，通过以酒为媒、以酒会友，活化客家文化旅游资源，提升客家围屋的文化附加值，把渔仔潭建成中国客家围屋的一颗璀璨明珠。

（二）龙南小武当

气势雄伟的武当山位于龙南县城南侧 50 千米处的武当乡石下村境内，居赣粤西线二级公路南侧。主峰海拔为 813 米，最高峰为 864 米。这里的 99 座峰拔地而起，排排耸立，犹如直戟，

龙南小武当

地址：	位于龙南县城45千米的赣粤两省交界处
荣誉：	省级风景名胜区
门票：	15元/人
交通：	从106车队（车站）坐公交车直达武当山景区
联系电话：	0797-3576081

奇石突兀，千姿百态，绵亘数千米，是赣粤边界胜景之一。据《龙南县志》记载，因该山雄峻多姿，故仿湖北均县“武当山”之名，人称“小武当山”。后人简称武当山。武当山石峰属丹霞地貌，岩石呈赭色，表面圆润光滑，或壁立万仞，形似玉笋；或如姐妹相依、母子相抱；或如驼峰；或如牛角，或如堡垒；瑰丽多姿。

据《龙南县志》载，武当山四峰及周围有风景点16处，山上建有山门、庵堂，其上各有一副对联。山门对联曰：“武将文臣皆下马，当天奏帝且停车。”庵堂建于何时已无法考证，只知道清乾隆三十四年（1770年）重建过。后因年久失修，庵堂已倾塌，山门则留有残墙。现在当地旅游部门已将庵堂修葺一新。

（三）龙南九连山

龙南九连山国家自然保护区、国家森林公园，位于南岭山脉赣粤边境的龙南县境内，景区入口紧靠105国道，距广州263千米，距赣州216千米，有“天然氧吧”之称，其自然环境和自然风景资源独具特色，自成一体。

此地总面积达2130公顷，因环绕赣粤两省九县，并有99座山峰相连而得名，主峰黄牛石峰海拔为1840米。区内生态环境优美，原生性的亚热带低海拔常绿阔叶林生态系统保持完整，古老孑遗植物繁多，既有与恐龙同时代的粗齿桫椤和被称为活化的银杏，又有白垩纪残遗植物南方红豆杉群落和竹柏，更有华南虎、金猫、云豹等国家一级保护动物。境内群峰起伏，峡谷幽深，飞瀑动人……森林景观、客家风情扑面而来，人与自然和谐相处。九连山共分布有高等植物2796种、鸟类226种、森林昆虫1404种，是江西省唯一加入中国生物圈和全国重点观鸟区。这里不仅是“动物乐园”和“绿色宝库”，也是国内外专家学者考察、研究的理想场所，更是人们向往的生态旅游胜地。此地被誉为赣粤边境一颗绚丽的绿色明珠。

地址： 位于南岭山脉赣粤边境的龙南县境内，景区入口紧靠105国道，距广州263千米，距赣州216千米

龙南九连山

十五 定南景点

（一）定南明骏九曲生态保健旅游度假村

定南明骏九曲生态保健旅游度假村

定南明骏九曲生态保健旅游度假村位于江西省赣州市定南县天九镇九曲河畔。毗邻赣粤高速、省道定广（路段），省二级公路直达度假村。距定南县城约 18 千米。是集游览、观光、会务、休闲、养生度假为一体的综合型生态旅游度假区。2009 年获批成为国家 AAAA 级旅游景区。

度假村整体规划面积达 52 平方千米，其中核心区面积有 16 平方千米。这里是国家明文批示的无污染、无公害的东江源保护区。由自定南九曲村、桃溪村至广东龙川区域的沿九曲河的大小数十座山峰与山涧组成，连绵 20 多千米，为东江源核心保护区域。度假村依托区域优势，以自然调理为保健的基点，通过对健康意义和意识的重组，构建以生物生态系统为中心的覆盖式保健服务设计，为顾客提供高信息、高参与、高感悟、高启迪、高品位的生态保健服务。独有的九大类生态旅游调理项目充分传递生态保健旅游度假的全新理念，并把这种理念融入自然景观与人文景观的交织中，同时尊重自然的异质性，和谐表现度假村的主体风貌和功能。“核心景区”主要包括山涧瀑布、莺苑峡谷、客家围屋、森林野战营、九曲水廊和红色人民公社

度假村风光

位置：位于江西省赣州市定南县天九镇的九曲河畔
荣誉：国家4A级景区
门票：40元/人
交通：县城驾车至天九镇然后前往度假村景区
联系电话：0797-4210888

等核心山水景区。它们在景区建设中集中表现了自然生态、田园水乡、民俗景观和生态保健的特点。“颐天山水别墅区”包括山水别墅、山水女人会所、森林汽车俱乐部等休闲社区。它们是严格按照生态旅游度假区的要求而建。

山水别墅：占地26平方千米，分布于九曲河畔山水之间，和曲观光水廊环绕其中。取材于中国四大名园（颐和园、留园、拙政园、承德避暑山庄）的“四园十八景”别墅小区，尽显中国园林山水别墅之精粹。

客家风情：客家围屋、民俗表演、特色小食、客家民歌对唱等客家风情建筑与节目，是度假村文化艺术项目的重要组成部分。

红色人民公社：占地18平方千米，包括3个公社生产队、2个农耕娱乐区、5条革命历史文化栈道、1个革命影片放映院、1个革命历史博物馆以及配套的休闲农耕度假设施。

生态保健：在充分考虑到人与自然和谐统一，本着持续发展生态保健的目的，将项目服务完美地融入地域生态资源的组合中，开发设计出符合现代人身心需求的生态保健模式。在类风湿性关节炎、老年性便秘、慢性支气管炎、性功能障碍、失

眠、肥胖、前列腺增生、慢性胃炎、高血压保健调理周（月）等项目中，通过对人体生理机能的调节和精神气质的过滤梳理，提高身心的双重愉悦感，从而达到生态、保健、旅游与休闲高度统一的目的。

（二）定南虎形围屋

定南虎形围屋位于江西南部的定南县历市镇车步村方屋排，始建于1786年，距今已有200余年历史。围屋外呈方形，前宽40米，纵深33米，坐西北朝东南，背靠虎形龙脉青山，建筑造型为昂首坐视的虎形，大门被塑造成虎头形状，因此得名“虎形围”。据介绍，这是当时来到定南的客家人为了保护自身以及家族的安全，设计创建了集防守和生活实用为一体的方形城堡，围屋四角为三层碉楼，四周外屋由河石、麻条石、青砖灰砌至顶，一层外窗由麻石条砌成，二楼以上设有炮楼、枪眼等防御设施。如今，赣南这一独特的“虎形围”，吸引了不少海内外游客前来观赏，也成为研究客家文化形成发展的活化石。

围屋建在一个典型的山间小盆地之中，四周沙山屏立，呈藏风聚水之格局。围屋取坐西北朝东南之向，背靠虎形山脉，面朝天际轮廓秀美的笔架山，门前清澈见底的小溪环绕，加上周围百亩良田的映衬，呈现在人们眼前的是一幅层次丰富的山水田园画卷。

定南虎形围屋

地址：“虎形围屋”位于江西南部的定南县历市镇车步村方屋排

十六 全南景点

（一）天龙山寺

天龙山寺

位置：位于全南县金龙镇东北方向，间隔县城9公里
门票：免费
交通：从汽车站乘出租车直达天龙山景区
联系电话：0797-2632305

位于全南县金龙镇树凹村，距离县城9千米，从县城往龙南方向走7千米在望江围处向北走2千米即到。景区面积为1.5平方千米，主峰海拔为441米，山上建有大雄宝殿正觉堂，常年香火不断。整座山峰位于犹如莲花瓣的群峰中央，山顶险峰突起，怪石峥嵘，三面悬崖峭壁，唯有西南面一条羊肠小道通往峰巅，远眺山势险峻，形似巨龙昂首欲飞，故命其为“天龙山”。山顶除正觉堂外，另建有观音阁、财神庙、龙泉亭、天韵亭等附属建筑；沿途有摇钱树、豆腐岩、阿婆髻峰等自然景观。天龙山寺历史悠久，始建于明代万历年间，距今有400多年历史。传奇的佛教文化，历代均有名士慕名前往，题名刻碑。明代理学家王阳明曾登山览胜，留下“四季不凋青春色，人杰地灵出英豪”的千古佳句；1940年，蒋经国登山游览，兴笔赞道：“青峦叠叠峰为伴，白霭迷迷霞作邻。”近年来游人如织，每年正月初八的庙会都会吸引逾万游客。

（二）南迳温泉度假村

南迳温泉度假村位于全南县南迳镇东部热水村，距离县城14千米，从县城沿着省道346线行驶14千米即到，距离南迳镇圩2千米，温泉形成于早期的地壳运动，温泉处在一条东西走向的深大断裂带上，因断裂带延伸长、切割深，因而形成了较好的储水空间。因其断裂层多为花岗岩和酸性次山岩，地壳岩石中放射性元素衰变产生的热能为温泉热能的主要来源，该温泉水质类型为碳酸钠型，矿化度为595毫克/升，pH酸碱度为6.87，温泉中含有丰富的氡元素，其含量之高为国内罕见，对于治疗关节炎、风湿病、麻痹症等病状具有良好的疗效。1999年始经县委、县政府综合开发为集温泉、健身、娱乐、餐饮、住宿、休闲为一体旅游胜地。近年来，每年都吸引着大量的温泉爱好者前往休闲、疗养，以达修身养性、强身健体之目的。

南迳温泉度假村

地址： 位于全南县南迳镇东部热水村

交通： 县城距广州272千米，距京九铁路龙南火车站40千米，105、106国道二级公路连接，穿越县城

（三）仙师宫

仙师宫位于全南县兆坑林场境内，龙兴水库下游，从县城西南方向沿346线行驶500米，向左走进兆坑林场区公路，途经第六工业园、龙兴水库，距县城13千米。沿途自然风光秀美，

龙兴湖景色尽收眼底。仙师宫始建于明朝。据传当年南野大旱，时政马县令一行随从塑桃江河而上求雨，行至现在庙宇之处，求雨成功。马县令一行当即谢拜，并赠予“沐浴苍生”匾额一块。因传有神仙降临，后来当地百姓出资兴建两栋庙梦宇，并塑有仙祖神明之像。仙师宫现重建于1990年，建有圣庙1座、民楼4座、庙堂6间及其他配套设施多间。仙师宫圣庙依山而建，庙后山峰奇特，庙前溪水潺潺，庙内庄严肃穆，与之相望的龙兴湖现有水面面积为1.5平方千米，湖面有小岛6座，目前拥有钓鱼台、凉亭各一座、饮食店一幢，湖面上设有快艇两艘、木船数只。

位置：位于全南县兆坑林场境内，龙兴水库库尾

门票：免费

交通：从汽车站乘出租车直达仙师宫景区

联系电话：0797-2632305

（四）雅溪围屋

雅溪围屋是江西省省级文物保护单位，属粤北型围屋位于全南县龙源坝镇雅溪村，从县城走排障线25千米即到，距龙源坝镇圩5千米，建于清光绪年间，为正方形砖木结构，是全南县目前保持最为完整的围屋。雅

雅溪围屋

地址：位于江西省赣州市全南县龙源坝镇雅溪村

溪围屋共4层，高12米，长和宽为20.20米，平面呈“口”字形，中央为天井。围屋外墙设有枪眼及瞭望台，顶层设有雕楼，具有防盗、防火、固守、反击之功能。围屋因其构造之独特、建造之精致而有“小家碧玉”之美誉，对于研究赣南围屋历史价值具有十分重要的意义。

（五）狮子寨

位于全南县“西瓜之乡”龙源坝镇西北5.5千米处，从县城走35千米即到，三顶由3座巨石组成，远眺山寨似伏卧雄师，故得名“狮子寨”。主峰海拔为697米，山间有尼姑庵遗址，并有一长5米、宽4米的石洞。山上古松挺拔，绮丽多姿。丹霞地貌，居于三将军、鸡笼寨两座山峰之中，山上岩石千姿百态，有天然形成的环山石廊，长约1.2千米，廊内石桌、石凳、石碗等一应俱有。

狮子寨

地址：全南狮子寨位于赣州“西瓜之乡”龙源坝镇西北角，全南狮子寨于三将军、鸡笼寨两座山峰之中，全南狮子寨山中有天然形成的环山石廊，长约1.2千米，廊内有石桌、石凳等用具

★ **星级：**AA

交通：狮子寨位于江西省全南县“西瓜之乡”龙源坝镇西北5.5千米处，从县城走35千米即到

（六）李氏宗祠

李氏宗祠位于全南县大吉山镇政府旁，从县城走至省道 346 线 16 千米处，换县道南大线行 10 千米即到，距离全南县城 26 千米。李氏宗祠始建于明代，为纪念李家贤能母亲杨氏而建，距今已有 400 多年的历史，后毁于火灾，于 1927 年第二次重建。李氏宗祠根据易经八卦及风水学择地而建，祠堂全长 44.4 米，宽 14.52 米，高 11.8 米，占地面积为 614.7 平方米，系砖木结构，由上、中、下三厅组成，两边各有 10 根石柱和 44 根木柱支撑其主体框架，为左右对称布局，重檐歇山形式，均由木榫卯眼连接，是全南县建筑艺术上的精品。宗祠正门前两侧塑有一对石狮，狮旁各竖一面石鼓。正门上方有飞檐翘角歇山顶，顶脊和顶角塑有“双龙戏珠”“丹凤朝阳”等泥塑图形，整个歇山顶有一个蜂窝状的木结构体衬托。这是全南县尚存的一流古建筑之一，既有岭南堂馆构建传统风格，这又显赣南民间人文风貌。1984 年，李氏宗祠被列入县级文物重点保护单位。

地址：江西省全南县乌桕坝乡

李氏宗祠

赣州市是江西省最大的设区市，位于赣江上游，江西省的南部，简称“赣南”。地处东经 113° 54′ 至 116° 38′，北纬 24° 29′ 至 27° 09′；东西宽为 219 千米，南北长为 295 千米，土地总面积为 39379.64 平方千米，占全省总面积的 23.6%。它东接福建省的三明市和龙岩市，南临广东省梅州市、韶关市和惠

CHAPTER 3

行在赣州

——畅通无阻

阳区，西靠湖南省郴州市，北连本省吉安市和抚州市，是东南沿海——珠江三角洲与内地的过渡地带，占据赣、闽、粤、湘之要冲。土地革命战争时期，赣州市是中央苏区的所在地。改革开放以来，尤其是近些年以来，赣州市的公路、铁路、水路、航空之运输网络更趋完善，“四省通衢”的大交通格局基本形成。

一 空降宋城赣州——航班信息

赣州黄金机场，是江西省的一个民用机场。老黄金机场位于章贡区水南镇（坐标：北纬25° 49′ 36″，东经114° 54′ 46″），因地处黄金村而得名。该机场于始建于1936年，于1959年4月正式建站。新黄金机场位于赣州市南康区凤冈镇峨眉村，距赣州市中心16千米，占地面积为2668亩，按4D级民用机场规划，暂按4C级民用支线机场标准建设，总投资为5.2亿元，于2008年3月26日正式通航。

2012年，赣州黄金机场年旅客吞吐量首次突破60万人次。全年完成旅客吞吐量60余万人次，起降7041架次，货邮吞吐量达4566.7吨，同比分别增长16.81%、15.31%、54.91%。创1959年机场建站通航以来的新纪录，这意味着赣州机场安全保障和运输生产能力跨上了一个新的台阶。

赣州黄金机场运营航线8条，通航城市10个（北京、深圳、广州、上海、海口，武汉，南昌，天津，成都，厦门），平均周航班量为148架次，进出港平均客座率达71.5%，平均载运率达65.7%。运营的航空公司有南航、东航、天航、川航、国航等5家，通过北京、广州、上海等航班中转，实现赣州可抵达全国50个省会和重要经济城市，形成了以赣州为中心，覆盖闽西、粤北及湘东在内的200千米半径内10万平方千米、2000万人口的服务圈。

赣州黄金机场出发航班时刻表

目的地	出发/到达时刻	班次	机型	航空公司/航班号
杭州	11:15/12:30	每天	737	祥鹏航空/8L9873
天津	11:45/15:30	每天	ERJ	天津航空/GS7452
深圳	11:50/13:05	每天	320	南方航空/CZ3256
昆明	15:20/17:30	每天	737	祥鹏航空/8L9874
上海虹桥	15:50/17:20	3、5	323	东方航空/MU7504
广州	15:55/16:50	除周四	319	厦门航空/MF1032
广州	16:00/17:00	4	319	南方航空/CZ3638
北京首都	16:30/19:05	每天	320	南方航空/CZ3255
北京首都	16:30/19:05	每天	320	厦门航空/MF1005
上海浦东	17:05/18:50	3	320	东方航空/MU7400
厦门	18:50/19:55	1、3、5、7	319	四川航空/3U8937
海口	19:10/20:50	2、4、6	190	天津航空/GS7526
北京首都	19:25/22:00	1、2、4、6	73G	中国国航/CA1490
北京首都	19:25/22:00	3、5、7	73G	深圳航空/ZH1490
武汉	20:20/23:05	每天	EMB	东方航空/MU2606
南昌	20:20/21:00	每天	EMB	东方航空/MU2606
上海虹桥	20:20/21:55	每天	320	东方航空/MU2993
上海浦东	21:05/22:50	2	323	东方航空/MU7400
成都	22:10/23:55	1、3、5、7	319	四川航空/3U8938
上海虹桥	22:15/23:50	2、3	JET	东方航空/MU7258

二 沿途风景看赣州——铁路信息

赣州位于江西省南部，是江西省人口最多、占地面积最大的地级市，赣州火车站位于五洲大道中段，离市中心区约 3 千米。赣州火车站于京九铁路同时开工建设，于 1996 年底投入使用。

赣州火车站处于京九铁路、赣龙铁路、赣韶铁路、昌赣城

际铁路、赣深城际铁路（规划）、昆台高铁（规划）、衡井赣铁路（规划）的交会点，并有赣州东和赣州南两大货运站。

赣州站分两层，有4个火车大厅，可容纳8000余人。现赣州火车站日平均发送旅客约8000人，春运高峰期日发送旅客约3万多人次。2009年发送旅客共400万人次，为一等火车站。

赣龙复线开通对赣州与海西经济圈、珠三角沿海城市联系加大，有利于赣州新一轮的发展。后期将开通南昌至赣州城际铁路以及赣州至深圳客运专线，这样进一步拉近了赣州与省会和一线城市的距离。

赣州站共有前往大同、苏州、泉州（东）、南昌、瑞金等地的始发终到列车。经京九、赣龙铁路可直达石家庄、太原、北京、上海、广州、沈阳、天津、太原、兰州、西安、成都、贵阳、武汉、南京、苏州、合肥、南昌、郑州、济南、青岛、杭州、福州、厦门、深圳、东莞等国内主要城市，交通非常便捷。

赣州市火车站客服热线： 0797—7022322

三 四通八达入赣州——公路客运信息

赣州市现有公路通车里程25126.453千米。其中，高速公路有5条，总里程为372.76千米，即赣定线126.86千米，泰赣线60千米，赣大高速56.645千米，厦蓉高速城西段12千米，瑞赣高速117千米。由赣州市公路管理局管养市养公路61条，总里程为2629.019千米。其中按行政等级分为：国道4条，共929.99千米；省道14条，共1105.474千米；县道30条，共543.567千米；乡道9条，共14.698千米；专用线路4条，共35.29千米。按技术等级分为：一级为公路212.288千米；二级公路1651.447千米；三级公路500.365千米；四级公路 182.19千米；等外公路82.729千米。按路面结构分为：水泥路1122.956千米；沥青路1399.603千米；砂石路106.46千米。此外，市养公路总里程中有桥梁869座，隧道3道。全市晴雨通车19937.531千米。

赣州汽车客运站是赣南18个县市（区）道路运输的一级中心站，车站占地总面积近3.6万平方米。客车通达闽、粤、湘、浙、赣、鄂、上海等省区70多个县市。现有进站营运车辆500余辆，日发600余班次。

车站已经有50余年的历史，随着高速公路的贯通，赣州汽车客运站已开通南昌、吉安、广州、深圳、珠海、惠东、东莞、长沙、株洲、福州、温州、上海、武汉、景德镇、萍乡、新余、宜春、龙南、全南、定南、大余、修水等省内外高速客运班线。

地址：赣州市八一四大道25号

四 畅游古城——城区交通

赣州城区交通十分便利，营运线路将近50条可以到城里的任何景点，其中含郁孤台、八镜台、灶儿巷等旅游线路。初步形成了赣州城区三纵四横、多线往返、重点突出、衔接合理、安排有序的城市公共交通网络。

赣州市公交出租车共有1000余辆，主要担负着中心城区和近郊的出租车业务。出租车价格，起步价（2千米内）5元；出租车车速低于12千米/小时，累计1分钟开始跳表。发动机排量1.5升（含）以下的出租车每跳一次表加收0.28元，发动机排量1.6升（含）以上的出租车每跳一次表加收0.32元。出租车计价表以角为单位显示，角以下四舍五入，并在运价外向乘客收取1元出租车燃油附加费/车次。出租车实行计时、计程并用的计价方式，在载客营运途中因非承运人责任或应乘客要求停车等候时，将收取规定的费用。总之，在赣州旅游就能获得是便捷、舒心的享受。

五 特色路线畅游赣州

（一）市区观光一日游

郁孤台—八镜台—涌金门—建春门—寿量寺—东门浮桥。

（二）红色精品自驾游路线一

于都、瑞金专线 >>>

线路特色：走红色路线，体验革命情怀，学习革命精神，激发爱国主义热情。在“长征第一渡”“长征第一山”体验红军长征的艰苦与执着；在沙洲坝喝一口红井水，时刻想念毛主席，感恩党给我们带来的幸福生活；到叶坪去近距离触摸苏区军民的气息；在罗汉岩浑然天成的山水画卷里沉醉不归。

特色美食：

于都高山青草奶：源自屏山牧场，其百分百的青草是在纯天然的环境中产出的，绿色天然，安全营养。

于都盘古绿茶：有13个系列品种，产品具有形紧味香、叶嫩底厚、茸毫披露、色泽翠润、酣味醇厚等特点。

于都烧卷子：以米粉、大蒜、腌菜、辣椒、盐等为原料，经多道工序制作而成，是外出旅游的美味食品。

瑞金芋子饺：皮嫩润滑，馅香味美，是瑞金名牌风味小吃之一。

瑞金牛肉汤：口感嫩滑，营养价值高，深受瑞金人民和外来游客的欢迎。

行程安排：

第1天：早上从赣州出发，开车前往于都中央红军长征出发地纪念园，纪念园由入口小广场、主题雕塑、集结广场、纪念广场、中央红军长征出发地纪念馆等组成。当年红军就是从这里渡过贡江，开始了二万五千里的长征之行。看着眼前滚滚而来的江水，仿佛能看到当年烽火连天的场面，对长征精神也会有更深刻的理解。

看完“长征第一渡”，下午接着前往“长征第一山”——云石山，云石山是长征出发前中华苏维埃共和国中央政府在瑞金的最后一个驻地。1934 年 10 月，中央机关和红军主力从这里迈开万里长征的第一步。云石山地理风貌奇特，虽然不高也不大，但四周悬崖峭壁，只有一条百级小道直达山顶，该石山被几百种郁郁葱葱的植物覆盖，树木均植根于山石缝间，甚至直接在石上生长，堪称奇绝。

离开神奇的云石山，接着去瑞金沙洲坝镇，在沙洲坝镇吃红米饭、喝南瓜汤、住农家屋，亲身体验苏区红军艰苦的生活。为安全起见，当年中央机关从叶坪搬迁至沙洲坝，沙洲坝成为中华苏维埃临时中央政府的驻地。这里有多处红军留下的宝贵财产，如中华苏维埃共和国临时中央政府大礼堂旧址等，这里还有毛泽东带领红军战士挖的水井，从那时起，苏区老百姓才喝上了干净的水。后来，沙洲坝人民在井旁立了一块石碑，上书“吃水不忘挖井人，时刻想念毛主席”，喝红井水时刻不忘感

恩红军。

第2天：一早继续追逐红色路线，去感受国家一级博物馆的震撼。中央革命根据地历史博物馆为国家4A级景区，气势恢宏，风光秀丽。陈列主题为《中华人民共和国从这里走来》，在这里，游客可以完整地回顾中国共产党领导苏区军民浴血奋战，进行反“围剿”斗争，创建中央革命根据地，建立一个全国性的红色政权的艰难历程，以及苏区军民血与火的辉煌历史。

带着对苏区军民的无限崇敬，走进他们曾经生活过的地方——叶坪旅游景区，从1931年9月至1933年4月，这里一直是中央苏区和中华苏维埃共和国政治、军事活动的中心——最高领导机关所在地。1931年11月7日，中华苏维埃共和国第一次全国代表大会在这里召开，宣布了中国第一个全国性红色政权——中华苏维埃共和国临时中央政府的诞生，毛泽东被选为临时中央政府主席。景区里边有中共苏区中央局、中华苏维埃临时中央政府旧址、红军烈士纪念塔和纪念亭、红军检阅台、公略亭、博生堡等景点，近距离感受苏区军民的脉搏，那一草一木都能引发人们的感思。

下午将前往此次行程的最后一站——罗汉岩风景区。罗汉岩是典型的丹霞地貌，这里山水相依，碧潭似镜，悬崖峭壁，峰奇石怪，风景奇秀，尤其是到了春夏两个季节，更是山花烂漫，彩蝶飞舞，雨后彩虹倒映在波光荡漾的湖面，天水合一，令人仿佛走进了一幅浑然天成的山水画卷。

在这优美的风景里，自驾游行程就结束了，我们将愉快地返回赣州！

（三）红色精品自驾游路线二

兴国专线 >>>

线路特色：走红色路线，体验革命情怀，学习革命精神，激发爱国主义热情。在将军园可瞻仰开国将军的英雄气概；到潋江书院可沉浸于红色、古色、客色等丰富多彩的文化氛围中；在冰心洞可亲近自然赏奇峰异水，走进三僚，感悟神秘的风水文化。

特色美食：

兴国米粉鱼：是兴国县传统风味菜肴，历史悠久。被毛主席称“四星望月”。

兴国鱼丝：烹调时用鲜肉汤或鲜鸡汤伴煮，适当配料，还可油炸、凉拌。

兴国灰鹅：肉质细嫩，骨脆皮白，味道鲜美，营养价值极高，含有独特的蛋白酶。

行程安排：

第1天：早上从赣州出发，前往将军县——兴国，车程为1小时左右。到兴国后参观兴国将军园，将军园是全国爱国主义教育示范基地，赣南十景之一，是目前全国独一无二的以将军为建设主题的纪念性公园。走进将军园，你会被这里巨大的将军阵容所折服：勇猛威武的56位兴国籍开国将军雕像、栩栩如生的群雕……兴国不愧是将军县。将军园内还有全国唯一以苏区干部作风为内容的陈列馆——苏区干部好作风陈列馆。馆内有6个展厅，2000多件珍贵文物、图片以及实物等，在这里我们可以感受到当年苏区干部在艰苦的战争环境下，密切联系群众，执政为民，创造第一等工作的优良作风，还能学习苏区干部好作风的伟大精神内涵。

离开将军园后开车前往潋江镇横街参观潋江书院，潋江书院建于乾隆三年（1738年），依山造形，五重递进，由门厅、讲堂、拜厅、魁星阁、文昌宫和崇圣祠组成一个建筑群。由低而高，阶梯次，设计严谨，布列有序，气势恢宏，雄伟壮观。1929年4月，红四军党代表毛泽东在潋江书院传达中共六大会议精神并主办了土地革命干部培训班，1930年至1934年，书院为兴国县苏维埃政府所在地。你可以在潋江书院体验兴国红色、古色、客家、建筑文化等丰富多彩的文化元素。

看了这么多美景，你一定饿了吧，那就一起去尝尝兴国的美食吧。兴国米粉鱼、兴国鱼丝、兴国灰鹅都是极具当地特色的美食，是到了兴国一定不容错过的。一饱口福之后稍作休息，下午就可以驱车前往冰心洞景区，海拔达461米的灵山主峰，四周皆是奇峰幽谷；香炉峰四周绝壁，峰顶平旷；钟峰山势峭拔，峰顶一簇松林；象鼻峰眉目清楚，长鼻和嘴唇间正好一道裂缝。游人常爱站在两个拱桥上看深涧中飞溅的水花，或者沿石级到洞中看瀑布和心形潭。从冰心洞出来便直接开车到达三僚风景区，车程为1.5小时左右，在三僚风景区吃晚餐及住宿。

第 2 天：用完早餐后便可踱步至国家 4A 级景区、“中国风水文化第一村”三僚村，三僚村是兴国、宁都、于都三县的交界处。唐朝风水大师杨筠松先生曾携门徒曾文辿、廖瑀等人，选中这块宝地并居住了 20 多年，他们授徒传业，开创了中国南方风水文化之先河。杨筠松先生后被海内外堪舆界尊为祖师。三僚村的曾、廖两姓村民，自他们的祖上曾文辿、廖瑀师事杨公之术后，家承代代相传不绝，历朝国师辈出，享誉海内外，故被后世赞之为“中国风水文化第一村”。在这里一山一水一物都体现出底蕴深厚的风水文化。

必游景点门票

序号	景点名称	地址	联系电话（0797）	等级	票价（元）
1	通天岩风景名胜区	水西镇赤柱乡	8334418	4A	60
2	宝葫芦农庄	水西赤珠湖边石人前	8253709	4A	20
3	崇义阳岭国家森林公园	崇义县上营村	3812584	4A	60
4	客家文化城	赣县杨仙大道	4431590	4A	免费
5	定南九曲度假村	定南县天九镇	4210000	4A	40
6	瑞金叶坪红色旅游景区	瑞金市叶坪乡叶坪村	2522063	4A	30
7	龙南关西围屋景区	龙南县关西镇	3530110	4A	10
8	安远三百山景区	安远县三百山镇	3739330	4A	50
9	赣州五龙客家风情园	沙河大道18号	8186669	4A	10
10	瑞金中央根据地历史博物馆景区	瑞金市红都大道	2508558	4A	免费
11	会昌县汉仙岩风景区	会昌县筠门岭镇	5622662	4A	30
12	兴国县三僚风水文化景区	兴国县梅窖镇三僚村	5236326	4A	80
13	大余县丫山景区	大余县黄龙镇大龙村坝里	8743666	4A	50
14	宁都县翠微峰风景区	宁都县梅江镇迳口村	6807966	4A	60
15	石城通天寨景区	石城县琴江镇	5792586	4A	60
16	于都县中央红军长征出发地纪念园	于都县博物馆	6233910	3A	免费
17	龙南县栗园围景区	龙南县里仁镇	3506248	3A	10

说明：以上景区（点）的门票挂牌价如有变化，请以实际价格为准。（如节假日期间景区推出免票或门票打折等优惠政策）

赣州不仅有让人惊叹的美景，赣州的美食也绝对会让你流连忘返。

如果你是一个地道的“吃货”，那你一定深知，小吃永远都是一个城市最敏感的味觉系统。带你的舌尖去旅行，绝对不能错过钓鱼台这条小吃街，兴国米粉鱼、信丰萝卜饺、宁都肉丸赣州各县小吃应有尽有。

来到赣州，除了特色小吃，你一定还会被

CHAPTER 4

吃在赣州

——宋城美食

风味万千的赣州菜深深吸引，不少阔别家乡多年的海外游子，一回到故土就醉心于品尝留在童年记忆里的家乡菜，赣南扣肉、特色豆腐等等常常出现在普通家庭的餐桌上，带你的舌尖走进农家，其中的美味一定让你长久难忘。还有那些有着悠久历史的赣州餐馆及酒店，里面的赣州菜样样做得精致可口，食之使人食指大动。

下面就带您走街串巷，搜寻最正宗的赣州美食吧。

一 吃货天堂——钓鱼台

钓鱼台是古城赣州的一条小巷，位于老城区的厚德路中段。

很久很久以前，这里是一个小山丘，树木遮天蔽日，池塘深不见底，水草茂盛，鱼虾成群结队，确实是一个钓鱼的好去处。也不乏文人雅士在这里举杯邀月，把酒吟风，感叹人生如梦。看看周围的地名，如卫府里、白塔巷、龙湖井、宫保府、狮子塘、姚府里等，都显得那么威武雄壮，似乎衬托出钓鱼台的悠闲清净。

小巷对面就是原来的赣州行政公署，公务员们的宿舍一部分安排在钓鱼台里面。进进出出不同时代的官方汽车应有尽有：华沙、伏尔加、上海轿、北京吉普、桑塔纳、帕杰罗、奥迪……随着城市建设的扩大，赣州市政府搬至章江新区，钓鱼台的达官贵人走了，小巷沉寂了一两年，清净了一两年，街道灯光暗淡，晚上8点钟就见不着行人了。

2001年，这里突然风生水起，热闹非凡，出现各种各样的小吃，如赣南小炒鱼、四星望月、酿豆腐、信丰萝卜饺、炒田螺、安远三鲜粉、水煮、河南大饼、重庆酸辣粉、东北烧烤、成都担担面、湖南臭豆腐、南京鸭血粉、兰州拉面、天津狗不理、山西面条等等，数不胜数。

时至今日，钓鱼台已经成为赣州著名的美食街，成为赣州人民享受美味小吃的最佳去处。许多首次来到赣州的人一定会先到钓鱼台去尝尝赣州最正宗的特色小吃，钓鱼台也因此成为赣州小吃的“权威地界”，甚至有许多外地在赣州求学的学子，将钓鱼台称为“每周不得不去的地方”。以此可见钓鱼台不仅是在赣州人民的心目中有着不同寻常的地位，让众多远到而来的客人也心怀一丝念想。钓鱼台见证了这座古老城市的兴衰，也代表了这座城市所独有的城市味道……

二 特色美食——宋城味道

（一）赣南小炒鱼

赣南小炒鱼是赣南独具特色的一道地方菜，它与鱼饼、鱼饺合称赣州“三鱼”，是赣州人民的家常菜。时至今日，赣南人民已经能把鱼的味道做得出神入化了。

小炒鱼是明代凌厨子首创的地方风味菜。王守仁在赣州任巡抚时曾聘用凌厨子做菜，凌得知王爱吃鱼，为显示自己的烹饪技艺，经常变换鱼的做法和口味，深得王的赏识。有一次凌炒鱼放醋，别具风味，王吃后十分高兴，就把凌叫来，问这

赣南小炒鱼

道菜叫什么名字。凌灵机一动，心想这是小酒（赣州习惯称醋为小酒）炒鱼，何不称其为小炒鱼呢？于是随口应道："小炒鱼。"这菜也就因此得名。小炒鱼选用鲜草鱼，去掉鱼头、鱼尾，切成块状，加以生姜、四季葱、红椒、小酒（醋）、酱油、水酒等作料烹饪而成。其特点是色泽金黄、味鲜嫩滑、略带醋香。

（二）客家酿豆腐

客家酿豆腐

客家酿豆腐是客家名菜，但凡有宴席必有此道菜。"酿"是一个客家话动词，表示"植入馅料"的意思，"酿豆腐"即"有肉馅的豆腐"之意。客家酿豆腐久负盛名，是客家三大名菜之一。

把豆腐斜切成约一寸见方的三角块，投入油锅中炸一会儿，再横切开，在里面塞入由猪肉、糯米、大蒜、五香、辣椒粉等拌成的半熟佐料，吃时再撒上些胡椒面、葱花，其味鲜美无比。正月期间有客来访，这个菜往往作为整个酒席的头道送酒菜，献给亲友。

酿豆腐鲜嫩滑香、营养丰富，是客家人过年的保留菜式。传说酿豆腐源于北方的饺子，因岭南少产麦，思乡的中原客家移民便以豆腐替代面粉，将肉塞入豆腐中，犹如面粉裹着肉馅。因其味道鲜美，于是便成了客家名菜。

（三）三杯鸡

三杯鸡

说起三杯鸡，很多人会习惯在前面冠上“台湾”，都以为它是台湾菜。其实，三杯鸡起源于江西赣州宁都，只是传到台湾后名声变得更响。它的来历与民族英雄文天祥有关。三杯鸡是江西传统名菜，因其烹制时不放汤水，仅用米酒一杯、猪油一杯、酱油一杯，故名三杯鸡。此菜色泽酱红、原汁原味，醇香诱人，酒饭皆宜。

（四）客家擂茶

客家人热情好客，以擂茶待客更是传统的普遍的礼节，无论是婚嫁喜庆，还是亲朋好友来访，即请喝擂茶。客家人制擂茶，以妇女见长。其擂茶有一套称为“擂茶三宝”的工具：一是口径为 50 厘米且内壁有粗密沟纹的陶制擂钵；二是用上等山楂木或油茶树干加工制成的约 85 厘米长的擂棍；三是用竹篾制成的捞滤碎渣的“捞子”，制作擂茶，用一把好茶叶，适量芝麻，几片甘草等，置入擂钵，手握擂棍沿钵内壁顺沟纹的走向有规律地旋磨，间或钵中间擂击，将茶叶等研成碎泥，即用捞子滤出渣，钵内留下的糊状食物或叫“茶泥”，或称“擂茶脚子”。再冲入沸水，

客家擂茶

适当搅拌，再辅以炒米、花生米、豆瓣、米果、烫皮等，就是一缸集香、填、苦、辣于一体的擂茶了。品尝擂茶时，茶桌上荡溢出一片诱人的清香，一口试饮，口舌生津，满腔留香；二口深饮，神气仙人，通体舒畅。

（五）野生红菇

红菇为天然野生高等真菌，素有“中国纯天然高等野生山珍”之美称，是闻名世界的食用菌之一，选择性生长在特殊地方的原始硬木阔叶森林中，纯野生采集，产量极低，因此“物以稀为贵”，其营养价值和食疗价值都特别高。

（六）艾米果

每年的阳春三月，客家人都兴做艾叶米果，用来敬谢观音菩萨和招待客人。至时，家家户户邀请亲朋聚在一起吃艾米果，有的亲朋不请自来，尤其是城里人更是乐此不疲，浩浩荡荡，车水马龙，一为踏青赏景，二为品尝乡下特有的艾叶米果。

艾米果

三 小县美食——停不下来

（一）赣县美食

1.沙地板鸭 >>>

赣县是“中国板鸭之乡”，其“沙地”牌板鸭采用传统工艺与现代科技相结合加工而成，素以色、香、味、形俱佳而著称，被人们誉为腊味之王。“沙地牌”板鸭的原产地在“中国板鸭之乡”赣县沙地镇，已有2000多年历史，为历代朝廷贡品，是赣县的特色支柱产业，畅销全国各地，远销东南亚地区，饮誉海内外，享有出口免检殊荣。“沙地牌”板鸭是采用具有沙地镇独特的自然环境、水源、土壤、气候，人工稻田放养的纯绿色鸭子加工而成的腊制肉食食品，采

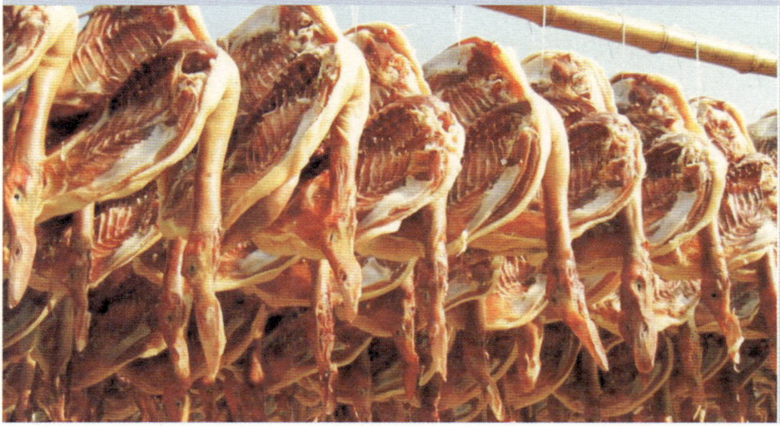

沙地板鸭

用传统古法泡腌秘方结合现代先进工艺、精心生产出原汁原味，具有客家饮食特色的板鸭。沙地板鸭是赣县客家人用来盛情款待珍贵客人的最上等珍品食品之一。

2.黄元米果 >>>

客家人的传统食品——黄元米果，它是以赣南本地产的糯性“大禾米”为主要原料，是赣南客家人十分喜爱的食品和送礼待客的上等佳品。黄元米果历史悠久，早在明朝正德年间就被列为贡品。黄元米果原用大禾米加工而成，黄气香质软。20世纪60年代后多用粳米精制，工序烦琐。现各地均改为机器制作，每年腊月均有黄元米果上市。制作黄元米果要先用黄元柴灰加开水过滤成灰水，冷却后浸米一夜，次日用甑蒸熟成饭，再将饭拌灰水，摊开晾干后蒸熟，置于大石臼内，用硬杂木棍捣烂成团，起碓后，用手揉搓均匀，切块做成各种形状的米果。由于做工烦琐，往往要亲邻朋友相助才会动工兴做。机制黄元米果盛行后，民间仍有少数家庭在冬季手制黄元米果。做好的黄元米果色黄味鲜，通常用灰水浸没，藏于缸中，可留至第二年夏天。有的切碎晒干，再用沙炒或油炸，做成各种类型的果品。黄元米果具有柔软细嫩、熏香味鲜、爽口久藏的特点。

黄元米果

（二）南康美食

1.甜柚 >>>

甜柚

南康甜柚，肉嫩化渣、汁多味甜，风味独特，品质上乘，富含糖类、蛋白质、有机酸、矿物质、维生素B、C等多种营养成分，含可溶性固形物13.8%－16%，总糖量达11.2%，总酸量为0.33%，每百克果汁至少含维生素C154毫克，具有清肝明目、滋心润肺、止咳化痰、降低胆固醇等保健功效。甜柚素有“天然罐头”“果中珍品”之美称。

2.辣椒酱 >>>

辣椒酱

南康辣椒酱创始于明末清初，迄今已有300多年的产销历史。最早此品为民间自制自食，加工方法也比较简单。后经不断改进和提高，遂成为一种味美可口的“咸辣椒酱”，在县内外广为流传。南康辣椒酱以其色泽红亮油润、酱香浓郁、甜辣味美、营养丰富、经久耐藏而著称，具有增食欲、助消化的功效。

3.花生巴

花生巴

南康花生巴是南康的传统食品，花生巴是以面粉为主要原料，佐以五香调味品、灿米粉、

鲜花生仁、经加工成型后，在油锅中煎炸而成。具有香脆可口、松酥宜人的特点，是旅游、家食和赠送亲友的佳品。

（三）信丰美食

1.红瓜子

信丰红瓜子是信丰出口的传统名产。南宋靖康二年（1127年）由非洲传入中国，在信丰县栽种已有近千年的历史，尤以土壤肥沃的冲积地所种之白瓢瓜为最佳。信丰红瓜子色泽殷红，板粒宽大，壳薄仁厚，香脆可口，且有生津、消食、润肺之功能，一直被消费者视为酒宴茶会、逢年过节之珍品，早在清末就畅销东南亚等地，华侨誉之为“吉祥的象征，典雅的礼品”，博得“信丰红瓜子大王”之美称。

红瓜子

2.脐橙

信丰脐橙被誉为“橙中之王”，其果皮为橙色，大而无核，色泽鲜雅，肉质脆嫩，甜酸适中，风味清香，素有“脐橙进房香满堂”之美誉，营养丰富，堪称果中佳品。

脐橙

3.萝卜饺

信丰萝卜饺作为信丰县有名的一种独特风味小吃，以其软、嫩、香等特点，长期以来既受当地人的

萝卜饺

喜爱，同时也吸引着南来北往的宾客。而“信丰罗记蒸饺店”传承信丰萝卜饺工艺数十年，不断创新，改进工艺流程，丰富其品质内涵，从而让这一地方历史品牌辐射至周边地区。

4.萝卜干 >>>

萝卜干

信丰萝卜干俗称“香干萝卜”“脚板萝卜”，是信丰传统名产，具有悠久的历史。食用可生可熟，可蘸酱可蘸醋，具有顺气、消食、化痰、平喘等功效，其甘香嫩脆的独特风味是人们佐餐的理想佳味。信丰智丰食品厂生产的“同益牌”“脚板”萝卜干和信丰联营食品厂通过精深加工生产的旅游系列食品，于1999年荣获江西市场食品质量优胜产品奖。

（四）上犹美食

1.石鱼 >>>

石鱼又名千年石鱼，是生长在上犹高山清水湖泊的一种虎科幼鱼，因其头部有石粒状物质而得名，陡水、龙潭、南河、仙人陂、罗边等五大库湖是上犹石鱼的主要产区。乾隆年间，这里的石鱼曾作为贡品，被皇室所珍爱。

2.玉兰片 >>>

以竹笋为原料精制加工而成，自古以来就是一种雅俗共赏的山珍。相传，北宋文学家苏轼吃了玉兰片之后曾风趣地说：“要不俗，须吃竹”（指玉兰片）。”南宋大诗人陆游曾称赞玉兰片“味抵驼峰牛尾狸”。

上犹玉兰片

上犹玉兰片是用冬笋尖制成，形如象牙，通明如玉，质地脆嫩，味鲜美而清香。它营养丰富，还含有天冬酰胺，是一种纤维素丰富，而脂肪和淀粉含量极低的天然食品。1985年，上犹玉兰片获国优、省优产品称号，产品畅销国内外。

3.包米果 >>>

包米果

包米果是江西赣南地区最有特色的地方美食之一，在上犹、南康、大余、信丰、龙南、赣县、于都等客家人聚集之地更是久负盛名，相传从元朝到现在已有700多年的历史。包米果以四季时蔬为佐料，春之青菜，夏秋之瓜果，冬之萝卜，配以韭、葱、蒜、肉泥，其味清爽可口。尤其是上犹包米果因“皮薄润滑、料多爽口”而美名远扬，成了许多外地游客到上犹的必吃小吃。

（五）崇义美食

1.齐云山南酸枣糕 >>>

齐云山南酸枣糕来自唯一国家命名的“中国南酸枣之乡”，原料采自原始森林的百年南酸枣树所结野生南酸枣果，结合传统古朴的加工技术，充分保留了天然野生的风味和原始森林的清香，入口由酸而甜，纯滑柔韧，风味独特，野趣盎然。

齐云山枣糕

2.赤水仙系列茶 >>>

赤水仙茶叶

崇义赤水仙茶业，起始于20世纪70年代初期“赣南诸广山茶叶学校”的万亩茶区，2002年改制为私营企业，现有茶叶1200多亩，带动农户发展茶叶5000多亩。赤水仙位于全国三大梯田之乡的崇义县上堡乡主景区，茶园海拔为800—1100米，年均气温为16.5度，年降雨量为1750毫米，年蒸发量为1290毫米，土壤pH酸碱度约为6，空气湿度达85%以上。这里三面环山，竹木葱茏，常年云雾缭绕，溪流潺潺，“山高不见峰，云雾缭绕仙境中”是赤水仙茶园的真实意境，蕴涵了生产优质绿茶独特的自然环境。赤水仙茶叶富含天然硒元素，享有“抗癌之王”“抗氧化之王”的美誉。

（六）大余美食

1.南安板鸭 >>>

在明代南安府（今江西省赣州市大余县）南安镇方屋塘一带，就有板鸭生产。当时是一家一户加工，因其工艺而取名为“泡腌”。为了提高加工质量和出口价值，后在色、香、味、形上不断摸

南安板鸭

索，总结经验，重视对毛鸭的育肥，改革生产工艺，并用辅板造形使鸭身成为桃圆形，平整干爽，因而得名“板鸭”。由于中国板鸭生产发源于明朝江西布政使岭北道南安府，故将之定名为南安板鸭，至今已有500余年的历史了。南安板鸭在1915年首届巴拿马太平洋万国博览会上获得金奖。

2.多味花生 >>>

多味花生是江西省大余县的地方特色产品，选用优质花生仁、面粉、白砂糖、植物油、天然香料等精制而成。造型均匀、美观，色泽金黄，入口香酥，五味俱全，具有解饥、润肺之功能，为居家旅游、待客访友、儿童食用之上乘食品。多味花生制作工艺先进，选料配方严格，口味新颖独特，质量稳定，深受广大消费者的青睐和好评。

多味花生

（七）龙南美食

1.龙南珍珠汤

龙南县，有着浓厚的客家文化。客家围屋、客家服饰、客家山歌等源远流长，耐人寻味。还有龙南的客家风味小吃，琳琅满目，令人垂涎三尺。其中，

龙南珍珠汤

客家龙南著名小吃珍珠汤更是香味袭人，清爽可口，而且因其是对人体有滋养功能的绿色食品，而大受人们欢迎。

2.恒泰花生

恒泰花生选用的是中国江西龙南特有的红土壤中生长的优质新鲜花生，（该地花生果均壳薄，饱满充盈，蛋白质、钾、钙、锌及其他微量元素含量高），配以甘草等多种中草药，

恒泰花生

采用秘方工艺低温精制而成，该产品营养丰富，口感甘甜酥脆，具有高蛋白、低脂肪，并含有人体必需的微量元素及多种维生素。

3.板栗

龙南板栗是江西省赣州市龙南县的客家土特产，龙南板栗的特点是：个大，饱满，肉脆嫩，味香甜，营养价值高。是生熟食

板栗

和烹调之上品，加碱粉可制作各种美味可口的糕点。具有补肝益脾、健胃生津的功能。栗花可治腹泻，根皮能治痔疮。树材质地坚实，纹理清晰，耐湿抗腐，是优良的建筑、家具用材。

4.坳背梨

龙南特产坳背梨是龙南地方优良品种，产于坳背村。该品种具有个大（200–650 克）

坳背梨

汁多、香脆可口，且早熟、丰产的特点，小暑至大暑即可成熟，株产高达340多千克。享誉赣粤边境几十年，在市场上大批优质梨竞销的情况下，它仍以独特的果形和色、香、味俱全而广受顾客青睐。

5.大蒜 >>>

龙南紫皮大蒜是江西省赣州市龙南县历史悠久的名优特产，蒜头（鳞茎）呈淡紫色或紫白色，瓣肉细嫩致密，每个蒜包一般有10—20瓣，蒜包紧实耐贮，生食香脆辛辣，熟食香味浓郁，品质优良，营养丰富，既是佐餐之佳品，又具药用之功效。

大蒜

（八）全南美食

1.蜜饯 >>>

全南蜜饯选料精、加工细，产品色泽好，味道正，柔软爽口，不破不烂，不反糖，不黏手，吃起来柔软，酸甜适口。蜜饯中含糖量最高可达35%，而转化糖的含量可占总糖量的10%左右，容易被人吸收利用。另外，蜜饯还含有果酸、矿物质和维生素C，是营养价值很高的食品。

蜜饯

2.磨斋 >>>

磨斋是客家的一种特色小吃。它是由大米、灰水等做成的。磨斋色泽金黄，爽牙可口，具有“灰水”特有的浓香，既是全南老百姓必备的年货，也是春节招待亲友的传统美食。制作方法是：前一夜用自制的“灰水”浸泡粳米，第二天把浸好的米磨成浆（磨浆时放入槐米调色），再把磨好的浆放入锅中煮熟成黏糊状，捞起做成一个个圆球状的磨斋，再放入蒸笼中蒸熟即可食。吃磨斋时，既可蘸酱油吃，也可炒着吃，还可煮“斋汤”吃。

磨斋

（九）定南美食

1.炸油果

油果制成比较简便，先将上好的糯米磨成粉，每斤糯米配100—150克两白砂糖，将白砂糖煮成糖汁与糯米粉搓均匀，搓越久越软，搓成粉团后再捏成一个个状似乒乓球大小的粉团，将粉团表面粘上白芝麻再放进油锅中烧炸，将粉团炸成深红色即可起锅。客家人逢年过节时将油果蒸软做下酒料，也是招待客人的上好菜肴。

炸油果

2.水汤皮 >>>

水汤皮，是定南农家用籼米加工而成的一种风味小吃，凡吃过水汤皮的人无不为其香、嫩、爽而赞叹不已。水汤皮的制作方法颇为讲究。首先，要选高山中生长的上好的黄粄树，把树烧成灰，然后，把黄粄树灰用干净的布包好放在桶中，用水淋成浸米用的灰水。同时，将黏米淘净后，放在灰水中浸泡数

水汤皮

小时，然后加入韭菜或槐花与浸好的米磨成米浆。再将米浆倒入簸箕中蒸3分即可食用，也可蘸其他调料食用。

水汤皮主要原料是籼米和韭菜、槐花，韭菜又名起阳草，味甘、辛、性温，具有一定的健胃、提神、滋补作用。医药上常常将其用于补阴虚、治疗精关不固等疾病。客家先人把韭菜融入小食中，既可充饥又可健体，真是一个伟大的创举。

3.酸酒鸡

酸酒即米醋，酸酒鸡选择一种瘦肉型的鸡，蒸熟之后切成小块码于盘上，再以酸酒（米醋）以及其他佐料浇之，便成为一种美味。

酸酒鸡

（十）寻乌美食

1.蜜橘

“寻乌蜜橘”系指产地江西省寻乌县的蜜橘产品，是寻乌县的拳头产品。由于寻乌气候独特，昼夜温差大、无霜期长、土壤深厚、含有丰实的腐蚀物和有机质、透气性很强，非常适应蜜橘的种植，所以，寻乌蜜橘具有皮薄、色鲜、果形好、质脆化渣、清香无核、风味浓厚等特点，深受消费者喜爱。

蜜橘

2.寻乌水柿

寻乌水柿

柿树生长强盛，有中心干，树高大。人工栽培其寿命可达到50年以上，野生柿树寿命可达300年以上。其树枝繁叶茂，可美化环境。水柿果实色泽鲜艳，味甜汁多。除供鲜食外，可制成柿饼、柿角、柿汁；可加工成柿糖、柿蜜；可代替粮食制醋、酿酒。柿的果实及其加工品，还有医疗作用，可治肠胃病，可止血润便，对降低血压有一定的作用。柿蒂可治呃逆及夜尿症，柿霜可治喉痛、咽干、口疮等。

（十一）安远美食

1.客家酿豆腐

客家酿豆腐

客家酿豆腐，属于客家菜的一种。客家菜，客家菜肴风味的形成跟客家民系的形成是分不开的，如像客家话保留着中州古韵一样，客家菜同样也保留着中州传统的生活习俗。据说这道菜源于北方饺子，因南方少麦，客家人便用酿豆腐寄托对北方饺子、中原文化的感情。每逢时节喜庆，或者闲忙之余，它是农村客家人的最爱。相传很久以前，一个五华人和一个兴宁人是结拜的好兄弟，后来因为在点菜的时候出现了矛盾，一个要吃猪肉，一个要吃豆腐，后来，聪明的饭店老板想出了一个两全其美的办法，制造出酿豆腐。表现了客家人的智慧和深厚的客家饮食文化。

2.黄酒

黄酒

黄酒是世界上最古老的酒类之一，源于中国，且唯中国有之，与啤酒、葡萄酒并称为“世界三大古酒”。约在3000多年前的商周时代，中国人就独创了酒曲复式发酵法，开始大量酿制黄酒。黄酒以大米、黍米为原料，一般酒精含量为14%—20%，属于低度酿造酒。黄酒内有丰富的营养，含21种氨基酸，其中包括有数种未知氨基酸，黄酒具备而人体自身不能合成必须依靠食物摄取约8种必需氨基酸，故又被誉为“液体蛋糕”。

3.假燕菜

安远的“假燕菜”是一道有名的客家风味菜。说起这道菜，还有一个典故。据说，在唐代武则天时期，有一个农民，种出了一棵特别大的萝卜，人们视之如神物，不敢私自食用，就把它献给了朝廷。皇宫里的御厨用这个大萝卜和一些山珍海味精心烹制了一道菜，呈给女皇武则天。这菜肴形美色艳，味道鲜香，犹如燕窝。女皇食后，称赞连声，金口玉言赐名为“假燕菜”。后来，“假燕菜”的做法传到了民间。精明的客家人不断改进烹制方法，把这道菜做得最精，味道也最鲜美，他们在用萝卜、肉丝、鸡蛋、香菜等原料来烹制“假燕菜”的基础

假燕菜

上，又添加了猪肉丝、肉丸子、海带、香菇、姜丝等18种配菜和一些配料，使民间的“假燕菜”越做越美味。

（十二）会昌美食

1.辣椒 >>>

辣椒

辣椒是会昌传统名产之一。晓龙、高排、麻州、文武坝、珠兰等乡盛产辣椒、品种有羊角椒、黄椒三种。其中以羊角椒最为著名，具有色泽红亮、肉质厚、甜辣适口，宜加工晒干，便于贮藏运销等特点，是腌制辣椒酱的上好原料、也是荤素菜肴的好佐料。

2.酱干 >>>

酱干全称是酱油豆干，江西会昌是有名的酱干之乡。会昌酱干富有悠远浓厚的文化底蕴，它在清代嘉庆年间，曾被官府指定为贡品，誉满京华。实际上，它的历史渊源还可上溯“真龙天子”乾隆皇帝，盛世佳话，传为美谈。

（十三）瑞金美食

1.米酒

米酒

瑞金米酒色泽金黄、气味清香、口感甘醇绵厚。冷饮，清凉爽口、沁人肺腑、消暑散热；热饮，温心暖肚、御寒抗风。适量饮用，舒筋骨活经络，振奋精神，消除疲劳。酒酿（原浆）更是幽香扑鼻、酒味浓郁，能利血养气、暖胃御寒。瑞金米酒除饮用外，还是烹调的好佐料，它可以去除腥、臊、膻。

2.酒糟鱼 >>>

酒糟鱼是瑞金的特色菜之一，是民间传统食品。做酒糟鱼时，多选用优质的淡水鱼腌制，晾到半干时，放到酿好的米酒坛子里封起来。半个月后，即可取出，或蒸或煮，与酒糟同沸之。做酒糟鱼，关键在于酒，要把酒做得老一些，有烈性，渗入鱼肉，可使鱼肉呈枣木红，其色泽有一种沉醉之美，再有酒香飘来，令人向往！枣红的鱼肉带有酒香、酒甜、酒酸，蒸煮之时，搁上红泡椒，又有些辣和淡淡的咸味儿。鱼肉在口中，细腻滑爽，余香久久，且鱼肉的本质味道，经过若干时间开始升华。吃酒糟鱼，食者会有一些昏眩，感觉在沧桑的岁月里，又有了一些离愁，因为你会感觉到这鱼，它独自离开了湖泊与江河，它沉睡在酒里，弥漫着令人陶醉的味道。瑞金酒糟鱼具有皮黄肉红、光滑油亮、肉质疏松等特点，口感香辣、味道独特，实为居家旅游、宴席、馈赠亲友的上好佳品。

酒糟鱼

3.壬田豆腐 >>>

壬田镇的豆腐，以“洁白似玉，细嫩如脂”而远近闻名，是豆腐中的上品。古往今来，豆腐既是平民百姓的家常菜，也是高雅殿堂的美味佳肴。豆腐食法很多，壬田镇有含浆豆腐、家乡豆腐、卤水豆腐、油泡豆腐、麻辣豆腐、烤炉豆腐等多品种。

以四季而言，有春季的“春笋炒豆腐”、夏季的“香葱凉拌豆腐”、秋季的“韭菜花炖豆腐”、冬季的“什锦火炖豆腐”。尤其是壬田的烤炉豆腐远近闻名。做法也较为独特：用一炉子生起炭火，炭火上面悬架一排扎好的竹子，然后把加了食盐、味精的豆腐排放在竹子里烤干即可。这种烤炉豆腐色泽金黄、鲜嫩，口感极好。豆腐不但美味可口，而且有清热、润燥、生津、解毒、补气、通便、降浊等药用功效。壬田豆腐色纯而味美，当地许多农民靠做豆腐发家致富了 。

4.芋子饺 >>>

芋子饺是瑞金较为著名的风味小吃，在许多客家居住地甚为流传。将芋子煮熟后剥去毛皮，碾成芋泥后掺进适量的地瓜粉，擀成饺子皮，包进自己喜爱的馅料，芋子饺就做成了。芋子饺皮嫩润滑，馅香味美，因而成为瑞金名牌风味小吃之一。

芋子饺

5.牛肉汤

将牛肉切薄片，用淀粉、糖、味精拌匀。在锅内注入适量清水，下姜片烧滚，再下牛肉片，用筷子拨散，煮一下即熄火。撒入胡椒粉、熟油、酱油、盐调好味即可。

瑞金牛肉汤

汤鲜肉嫩——刚端上的牛肉汤是不放佐料的，就是汤鲜肉嫩，瑞金牛肉汤口感嫩滑，营养价值高，适合大众品味。

辣——刚端上的牛肉汤要放的佐料就是酱油辣椒（酱油、葱、小米椒的混合调料，各个店有不同做法和味道）。没有吃过辣的牛肉汤，就不算吃过瑞金的牛肉汤。这也是值得人们回味的地方。

（十四）宁都美食

1.黄糍 >>>

黄糍，是宁都的称呼，客家人叫黄元米果。作为客家摇篮的宁都，每到年底，制作黄糍自然是必修的功课。那几天，村村户户，没有哪家不在忙碌，每个角落都是那么热热闹闹、喜气洋洋，米果飘散出温暖的清香，在空气中弥漫，每吸一口气，都有米果的味道。

黄糍

黄糍是用专门的大禾米制作而成的。大禾米一年只生产一季，产量相对较低。这种米颗粒饱满，晶莹剔透，用其制作的黄糍韧中带脆，嚼劲十足，口感独特。现在有用别的米代替的，但口味相差太远，难以比拟。

黄糍的吃法多种多样，可以当主食，也可以做下酒菜。可以煮，可以炒，也可以切成片晒干用油去炸，无论怎么做都好吃。正月请客，家家都炒了黄糍，摆在桌子中央，主人热情相劝，都说“来来来，尝尝我家的黄糍”。于是，客人们毫不客气，你一片，我一片，嚼后满嘴留香，嚼出了新年的幸福滋味。

2.麻糍 >>>

麻糍

糯米为原料，将洗净滤干的糯米上甑蒸熟，倒入石臼中，以木槌将糯米饭舂烂，搓成如乒乓球大小的丸状。待糍丸冷却后即可收起待用。可用来油炸，或在文火锅中油煎烤熟，也可在汤水中煮熟，还可切成薄片晒干，随时用来油炸碾碎做擂茶、米糊的香料。一般多以油炸、油煎黏白（红）糖为大众吃法。民谣“十月初一早，麻糍啦啦烧”，形象地描述了这一天的热闹情景。

3.肉丸 >>>

肉丸

宁都县是客家迁徙之地。为逃避中原战乱、饱受迁徙之苦的宁都客家人，期盼着太平盛世，渴望举家团圆，永享安乐宁和，特地制作了一道地方特色突出且带有浓厚的喜庆色彩的风味美食，那就是圆圆的客家肉丸。

宁都肉丸有宁都苦瓜肉丸和肉丸（鱼肉丸和猪肉丸）之分，味道是截截不同，原料来源和做工程序都相差甚远。宁都苦瓜肉丸主料为苦瓜、瘦猪肉，其佐料为葱、姜、大蒜头；而肉丸则主要是猪瘦肉和红薯粉（猪肉丸），或是鱼肉和红薯粉（鱼肉丸）。

（十五）石城美食

1.莲子 >>>

石城白莲历史悠久，其品质独特，不同于一般的莲子，这归根于石城的水土环境。石城白莲显然是石城县的一大特色，县政府对白莲产业非常重视，对白莲产业加大扶持力度，努力构建石城白莲品牌。石城因而有着“中国白莲之乡”的美誉。

莲子

白莲子富含淀粉、蛋白质及棉籽糖等，是良好的药用滋补品。白莲子中，碳水化合物的含量达62%，蛋白质含量高达16%，钙、磷、铁质及维生素B1、B2和胡萝卜素含量也相当丰富。李时珍的《本草纲目》中载，莲子“交心肾，厚肠胃、固桂气、强筋骨，利虚损、利耳目，除寒湿，止脾泄久痢，赤白浊，女人带下崩中诸血病”，将莲子“捣碎和米作粥饮食，轻身益气，令人强健”。

莲不仅营养丰富，而且全身是珍宝。莲子是栽莲的主要收获物，莲惠（莲心）、莲须（雄心）、藕节、荷叶、荷蒂、花棕、莲花、藕（藕鞭）等均可入药。莲、藕、荷叶都可做成饭桌上的美味佳肴。

2.牛心柿 >>>

牛心柿因其形似牛心而得名。它历史悠久，享有盛誉，是当地群众在长期的栽培实践中，筛选出来的优良品种。牛心柿属柿科，为落叶乔木，每年的6月初开花，花期为7—12天，果实呈牛心状，且顶端呈奶头状凸起，果实由青转黄，10月份成熟，果色为橙色。

牛心柿

脱涩吃脆酥利口，烘吃汁多甘甜，晒制的牛心柿饼，甜度大、纤维少、质地软、吃起来香甜可口，使人有食后更想吃的感觉。将柿饼放在冷水中搅拌，能化成柿浆，饮之可与蜂蜜媲美，别有风味。

这种柿饼在清代曾作为贡品进奉朝廷。

3.烤烟 >>>

烤烟，一年生草本，茄科。植株被腺毛，高1米左右。叶柄不明显或成翅状柄。用手摸起来，叶发黏。圆锥花序顶生。花萼筒状，花冠漏斗状，形似军号，末端粉红色。蒴果，种子黄褐色。烟叶为烟草工业的原料。

烤烟

口感协调、芬芳，既有福尔莫沙（台湾地区生产的烤烟）的温和甜润，又有晾晒烟的辛辣开胃，且余味纯净。由于烤烟叶的天然糖分是这几种烟叶中最高的，所以其燃烧后所产生的焦油量也是最高的。在同混合型卷烟相比，烤烟型卷烟的降焦难度更大些。所以现在市面上的一些烤烟型卷烟焦油含量一般都在15—17毫克左右。

4.茵陈茶 >>>

茵陈茶的原料为茵陈，茵陈对人体结核杆菌有完全抑制作用，对某些皮肤真菌有一定的抑制作用，有显著的消热利湿、清肝利胆、降血压等作用，对湿热黄疸、黄疸型肝炎、胸胁胀痛、胆囊炎、胆石症、高血压、心烦失眠、头晕、目眩等有明显效果。

茵陈茶

据《本草纲目》载："茵陈除风湿寒热邪气，热结黄疸，久服轻身益气耐老，面白悦，长年。"并说菌陈生食或做饼、羹皆宜。菌陈生食即把茵陈切细加调料凉拌。茵陈饼是把茵陈切碎，加入面粉中做或菜饼，或烙或烤或蒸，食之松脆芳香。茵陈羹是把茵陈切成1厘米长的小段，入滚水中加调料、淀粉做成汤羹。若把茵陈煎汁加米煮成粥，则为茵陈粥，其味清香宜人。中医认为，茵陈性味苦、微寒，入脾、胃、肝、胆经，有清热利湿、利胆退黄之功，为中医临床常用的利胆退黄药。

（十六）于都美食

1.烧卷子 >>>

烧卷子源于畲族，是一种独特的食品。公元746年，畲族蓝姓祖先彩和任唐朝谏议大夫时，带入宫中，深受杨贵妃的青睐，从此被列为贡品，流传至今。其独特的传统工艺与现代食品加工技术相结合而精心制作出的烧卷子，具有健齿固肾之功效，是休闲旅游、佐酒品茗、宴宾待客之开胃佳品。

烤卷子

2.柿饼 >>>

柿饼

江西于都岭背素有“柿子之乡”之称，其所产的柿饼，色灰白，断面呈金黄半透明较质状，柔软、清香、凉爽、甜美，食之口舌生津，有沁人心脾之感。

柿饼性甘湿无毒、润心肺、止咳化痰、清热解渴、健脾涩肠。新鲜的柿子里含有大量水分、葡萄糖和果糖等，被晒成柿饼时，水分逐渐蒸发，果肉所含的葡萄糖和果糖渗透表皮，形成的葡萄糖结晶等，类似蜜饯外面的糖浆，堪称柿饼的精华。同时，这层“白霜”使得整个柿饼都是干燥的。柿饼经过加工熬制，可治疗便血和老年人咳嗽，对肝炎也有一定的疗效。

一般人皆可食用柿饼。便血者、老年人咳嗽、肝炎病患者尤宜食用。体弱多病、产后、病后、外感风寒和贫血患者不宜食用。糖尿病患者禁食。每次食一两个足矣。

3.禾丰珍珠粉 >>>

于都禾丰珍珠粉，用大米制成，是于都特有产品，主产禾丰等乡镇。首先将优质晚米浸泡12小时，磨成浆，磨得越细越好，用一块白布垫在草木灰上，把浆过滤，待水滤干，将粉块晾晒，进行筛制。筛的技术颇有讲究，一人持大孔米筛将粉筛入下层孔小的糠筛，持糠筛者不停地旋转，粉在筛内像滚雪球似地逐渐增大，待有绿豆般大小时，倒入另一米筛中

禾丰珍珠粉

过筛，留在米筛的颗粒就是初成的珍珠粉。然后倒在白布上，用鹅毛轻轻拂开晾晒，待其干燥，珍珠粉便大功告成。吃的时候，先将清水烧沸，将珍珠粉徐徐撒入，边用筷子搅动，见珠粒沉入锅底即可捞入另一冷水盆里浸漂，待珠粒膨胀成半透明状，颗颗晶莹剔透如珍珠，然后捞出，兑入鸡鸭鱼肉等汤，和以佐料即可吃了。它的特点是，味美滑溜、营养丰富，似珍珠般可爱，纯天然食品，独领风骚。

4.芋子薯粉饺子

薯粉饺子又称芋饺，是由煮烂的芋子和上适量的红薯粉制成饺子皮，再包上韭菜、冬瓜、瘦肉等原料剁成的馅料制成。煮熟或蒸熟后，可依个人喜好蘸上酱油、食醋、香油、辣椒酱等佐料食用。芋饺饺皮松滑、馅香，是石城人团聚时最常见的食品。

芋子薯粉水饺

（十七）兴国美食

1.米粉鱼

兴国米粉鱼是江西菜之一，以草鱼为制作主料，兴国米粉鱼的烹饪技巧以蒸菜为主，口味属于咸鲜。兴国米粉鱼的特色：色泽金黄，清香浓郁，肉质嫩滑，味鲜辣，无腥

米粉鱼

味。早在土地革命时期，陈奇涵同志曾以此菜和其他四碟小菜招待毛泽东，毛泽东称其为“四星望月”，以至流传至今。

2.鱼丝 >>>

兴国鱼丝是当地一道具有乡土特色的客家菜。鱼丝还有个别名叫“与你相思”，因为“鱼丝”与“余思”谐音，意即我思念你。所以，至今兴国老表出远门，家人都要煮碗鱼丝饯行，表达“游子在外，永远思家”之意。旅居海外的同胞回乡探亲时也要带上几包鱼丝，以便能经常品尝到家乡特产，寄托怀故思乡之情。

鱼丝

鱼丝的制作方法颇为讲究。将草鱼剔除头和骨，鱼肉剁成肉酱，掺拌适量薯粉，做成大块，加热蒸熟，晾干至不黏手时，把它切成丝条，最后晒干储存。烹调时用鲜肉汤或鲜鸡汤伴煮，配以适量的配料，还可油炸、凉拌。

CHAPTER 5

住在赣州

——舒适安心

一 锦江国际酒店

赣州锦江国际酒店是由江西博鑫酒店有限公司投资近5亿元，按五星级酒店的标准建造的，由锦江国际管理有限公司经营管理。其建筑方案由美国夏威夷DGH设计顾问公司设计，园林景观方案由新加坡贝尔高林景观公司设计，室内装饰由香港陈俊豪大师设计。酒店占地面积为13.3万平方米，建筑面积为5.3万平方米。

酒店拥有总统套房、豪华行政套房（三间套）、高级行政套房（两间套）及豪华客房346间/套，并设有行政商务区域。酒店拥有超过1200多平方米的多功能厅、宴会厅、中西餐厅、会议室、贵宾会见厅、贵宾宴会厅、影视演讲厅和记者新闻发布厅等。同时拥有完备的运动健身器材的各种康体设施，如健身房、室内外泳池、跳操房、弹子房、乒乓球室和网球场等等。

锦江国际酒店

二 格兰云天国际酒店

赣州格兰云天国际酒店是由中航地产股份公司投资兴建，交由格兰云天酒店管理公司承建管理的一家精致五星级商务酒店，酒店建筑面积为2.8万平方米，装修精致，品味高雅。酒店位于黄金广场对面的中航城，紧邻市政府，地理位置优越，周边配套及交通完善。

酒店设有295间精致客房，设施完善，设备齐全，视野开阔，豪华江景房将优美的章江景色尽收眼底；酒店625平方米的格兰国际宴会厅，并同时配置7间大小不同的会议室；格兰国际宴会厅可同时容纳约600人的会议，可供近500人用餐，华丽明亮、气派非凡。

格兰云天国际酒店

赣州格兰云天国际酒店以“精致运营”为发展策略，以“人本和谐，激情进取”为价值观，以“卓越服务，创造幸福”为使命，致力为广大宾客提供优质、高效的五星服务，从而打造成国内一流的民族品牌五星级酒店。

（一）中餐

太极粤菜中餐厅，装修时尚典雅。特聘正宗名厨主理粤菜、海鲜、粤式点心，并辅以赣菜、川菜之精粹。

太极粤菜不但秉承了传统粤菜的“清中求鲜”，更融入太极养生的概念，充分发挥菜式的营养价值，创新结合赣菜的特点，推出“粤+赣”一菜两吃的特色太极菜。

餐厅设有豪华雅座及私人包间，可将黄金广场公园、美丽的章江和江景园林尽收眼底，让您大饱口福的同时，尽享无限尊荣。

（二）西餐

爱丽舍西餐厅是全城最好的自助餐厅之一。您可在时尚高雅的氛围中品尝到环球美食、海鲜盛宴，由总厨主理的法式甜点令您一试难忘。餐厅特设意式铁板房，由正宗名厨现场烹调。特色下午茶提供巧手法式糕点、港台甜点及冰淇淋，爱丽舍西餐厅是您在开怀购物之余用餐或良朋欢聚的理想选择。

三 汇康大酒店

汇康大酒店

赣州汇康大酒店地处赣州市黄金地段，青年路36号。地理位置优越，交通便利，周边基础设施齐全。

酒店建筑面积为1.3万多平方米，按四星级标准装修的集商务、会议、旅游为一体的综合性高星级酒店，酒店大堂内设商务中心、大堂吧、精品超市等多项功能设施；餐饮部营业面积约为2000平方米，拥有宴会大厅一个，可同时容纳200人用餐，超豪华包厢2间，其他大中型包厢22间，这里是您举办婚宴、乔迁宴、满月酒、谢师宴以及同学聚会的理想场所；客房部共有116间客房，其中含豪华套房11间、豪华单人间9间、各类标准间96间，酒店还推出特价房系列、会员体验价系列、住满10间送1间等一系列优惠活动。酒店拥有大中小型会议室3个，大型多功能厅可以容纳200多人，这里是您举办客户答谢会、公司企业年会的最佳场所。酒店建有可同时停放100辆车的大型停车场。

四 白云大酒店

白云大酒店，是集住宿、餐饮、娱乐、旅游、商务、购物为一体的按三星级标准建设的旅游涉外饭店，坐落于中国历史文化名城之一——赣州市繁华的八一四大道中段。

酒店还设有商务中心、会议中心、购物中心、美容中心及歌舞厅、桑拿浴、停车场等一应俱全的服务设施，将为阁下提供尽善尽美的服务，是您观光、旅游、沿途商务的理想选择。

五 天悦酒店

天悦酒店坐落在世界闻名的客家摇篮，位于赣县县城站前大道93号，毗邻赣州汽车东站、火车站、人民广场、站前广场，距赣州市区6千米，该区域是赣县县城最繁华的地段之一。酒店占地4118平方米，建筑面积为1.3万多平方米，建有主楼11层、裙楼4层，总投资约为5000万元。天悦酒店分为餐饮、客房、娱乐、桑拿4个功能服务区，设有总统套房及各种类型的豪华套房、高级套房、豪华客房、商务客房、高级客房、休闲套房145套（间），豪华餐饮包间17间，桑拿保健房26间，天悦之

天悦酒店

都KTV包厢29间，多功能厅600平方米，大型会议室400多平方米及1000多平方米的停车场。酒店功能齐全，设施先进，配有中央空调、商务中心、棋牌、免费宽带及观光电梯，为入住酒店、娱乐消费的宾客提供安全、便利的服务。

六 唐苑大酒店

赣州市唐苑投资有限公司旗下的唐苑大酒店，是按四星级标准、现代简中式风格设计装饰配置的一家综合性酒店，集住宿餐饮、休闲娱乐、商旅购物、政务接待等为一体，总投资达1.2亿元。

走进酒店大堂吧，珍贵玉石和水墨壁画，奢华别致，彰显尊贵和大气；前台人员笑容甜美温馨，令人倍感亲切；酒店主楼总建筑面积为9000平方米，有车位154个；拥有标准客房、豪华客房及各式套房共121间；多功能会务厅配备一流的影音设备；古朴典雅的中餐宴会厅能同时容纳600人用餐；拥有彰显汉唐盛世文化韵味的贵宾宴会包房19间；个性化的商场设施俱全，是商务宴请、政务接待、亲友团聚、婚宴寿庆及会务学习、旅游食宿的黄金场所。

夜色来临，华灯初上，劳顿一天的你是否想要一个贴心又舒适的处所来解你一身疲乏、畅想一顿健康美食？

康苑大酒店

那么，那栋高耸的15层唐苑大酒店便是你的绝佳去处。它静静地立在赣州市章贡区赣江源大道，正前方即是赣州火车站，毗邻赣州商贸城，与赣南贸易广场、赣州长途汽车总站、沙河工业园及赣州市政中心仅相距2千米，交通便利，地理环境优越，经济环境繁荣鼎盛。

最令人神往的是，唐苑大酒店拥有自己的原生态农场基地，酒店菜食所用的蔬菜瓜果、鱼禽肉蛋多是来自农场基地，生态又健康。且有陈伟瀚和郭建儒等国际饮食大师、烹饪专家坐镇主厨，为前往唐苑的你烹制健康美味、营养时尚的佳肴。

七 逸豪酒店

赣州，是一座已有2000多年历史的文化名城，兴盛于两宋时期。时至今日，赣州依然保留着宋代的城市布局特色以及众多的宋代古迹。逸豪酒店就置身于这座具有悠久历史的古城腹地，矗立在享有“宋城第一街”美誉的文清路上。2013年，经重新装修后的逸豪酒店，更加彰显其外简内华的特质。特别是客房，通过提供高品质个性化服务，悉

逸豪酒店

心营造出一种豪华、温馨、舒适和接近梦中精致的“家”的感受。置身于品味高雅的中餐厅，无处不让您体验到尊贵礼遇与精湛厨艺的完美融合，款款佳肴美味，承载着一段段舌尖上的故事。云游四方的宾客下榻逸豪酒店，还能够一览古城风貌。凭栏远眺，东与慈云塔，西与翠浪塔，北与郁孤台、和谐钟塔遥相呼应，令人心旷神怡！云游赣州，品位宋城，下榻逸豪，超值享受！

八 南康国际大酒店

南康国际酒店——客家人的大“家”

走进南康国际酒店，宽敞的草坪，亭亭如华盖的榕树，五彩缤纷的花圃，碧波荡漾的水池，仙境一般的迎宾水景，使你

南康国际酒店

如同进入了大自然一样。

大厅里，S型的串珠水银灯如霄汉银河，晶莹透亮；雄伟美观的巨型漆画屏风映入眼帘，豪华气派；客家天井的设计，让宾客不禁沉醉其中，回味起儿时坐在天井下与小伙伴打闹嬉戏、在天井下与家人洗衣择菜的快乐；后堂供奉的佛和唐卡，使你在肃然起敬中感受浓浓禅意。

中餐大厅反映了客家风俗的剪纸作品，仿佛带我们回到了“割禾、踩水车、贴窗花、石城灯彩、中村傩戏、采茶名剧”的现场；西餐厅地板屏风藏古酿新，酒盏刀叉明光锃亮；高档客房床柜台椅柔美怡人，地毯灯饰时尚雅致；会议室宽敞明亮，灯光音响等现代设备一应俱全；各种康体和娱乐设施带给你健康、快乐、浪漫和欢欣……

若您入住南康国际酒店，在感受悠悠古韵的同时，还能品味到习习新风；在品鉴醇厚传统的同时，会感到扑面而来的现代元素的冲击。

九 宝辉酒店

南康市宝辉酒店是由宝辉实业投资（集团）有限公司投资1.2亿元倾力打造的，酒店聘请香港智胜国际管理集团全权管理，引入港式星级酒店服务理念，力求在南康始创高星级酒店品牌，填补当地高档豪华酒店的市场空白。酒店按照准四星级酒店的标准进行装修，拥有国际先进专业设备和完善的配套设施。酒店总用地面积为1.8万平方米，酒店建筑面积为2.2万多平方米，主楼楼高14层，两翼楼高5层，拥有各类豪华客房157间/套。大型豪华中餐包房16间、宴会厅可同时容纳1000多人用餐，

宝辉酒店

结合深圳、上海酒店风格与现代派装饰气息为一体的准四星级度休闲、度假、商务酒店。同时会集了棋牌、桑拿水疗、康体等休闲娱乐设施项目。酒店附楼为员工生活区，共有4层，建筑面积近3000平方米，配备了完善、先进的员工服务设施：员工餐厅、员工宿舍、员工俱乐部（活动室、培训室、阅览室），并提供24小时热水洗浴等。

夜幕降临，昏黄的街灯次第亮了起来，似乎是在指引着忙碌了一天的您去找寻旅途中的落脚地。无论是旅行度假，还是公务出差，宝辉酒店时刻准备着迎接尊贵的您，期望能用最贴心、最温情的服务给您的旅途带来最难忘的回忆。

十 九成山舍酒店

九成山舍酒店位于国家4A级风景区丫山，依山而建，错落有致，为原生态别墅。区域内配套有露天山泉水养生泳池、多功能厅、农家餐馆、茶社咖啡吧、特产货栈等服务设施。在这里，自然可以触摸；在这里，生活可以优雅；于千亩竹海、飞瀑峡谷中漫步中，享受养生；在佛家名刹、千年灵岩寺里，闻香养心。

这里，是养生度假、贵宾接待、商务洽谈、静心修身的理想场所。

在从韶关到赣州的高速公路上，可以远眺大余县的丫山，山脉绵延，山色绮丽，秀木成林，水清茶香，山中更有“灵感三千界，岩藏五百僧”的千年古寺，常年香烟萦绕。从大余出口下高速，仅10千米的路程，便能抵达这个世外桃源般的地方。这里离繁华不远，距自然很近，是国家AAAA级景区，人文胜地，瀑布的天堂。

九成山舍，就在其间。九成山舍依山而建，错落有致，

九生山舍

均为原生态别墅。区域内配套有露天山泉水养生泳池、多功能厅、农家餐馆、茶社咖啡吧、特产货栈等服务设施。在这里，自然可以触摸，生活如此优雅；烟雾缭绕的高山茶田，满山的幽香沁人心脾；在充满挑战的越野车道上，可以体验丛林山地越野的刺激与豪放；于千亩竹海、飞瀑峡谷中悠悠漫步，享受休闲人生；在佛家名刹，千年灵岩寺里，闻香静养，领悟佛家的至高境界。“享九成山舍，品悠闲人生”。

CHAPTER 6

购在赣州

——时尚古韵

一 旅游纪念品

1.文房四宝 >>>

文房四宝是中国独具特色的文书工具，产品融合绘画、书法、雕刻、装饰等艺术为一体，以中华苏维埃共和国临时中央政府大礼堂旧址为图案，极具观赏价值和纪念收藏价值。

2.白梅石艺 >>>

选用“世界钨都”产出的晶莹剔透的水晶石，通过纯手工镂雕，把梅花雕刻在水晶石壶上，给人以小巧玲珑、晶莹剔透的感觉。梅花，又名“五福花”，象征着快乐、幸福、长寿、顺利、和平。作为中国的传统名花，梅花不仅以清雅俊逸的风度使古今诗人、画家为它赞美，更以它的冰肌玉骨、凌寒留香而为世人所敬重，甚至将之喻为民族精神。

3.赣州旅游五大名片盘饰 >>>

盘饰以黑色的南安砚石为底，用银白色的纯锡将赣州精品旅游特色的五张名片——“红色故都、江南宋城、客家摇篮、生态家园、世界橙乡”的特色景色，镶嵌在砚石上；纪念盘的中心配上纯锡雕刻的客家“福”字，把赣南的地方特色展现得淋漓尽致。客家第一福，送给天下人。

4.清明上河图酒具 >>>

以中国十大传世名画之一、北宋画家张择端存世的精品——《清明上河图》为主题而展开制作的一套纯锡酒具。酒壶的壶身和杯身的画面均为手工雕刻的清明上河图样，栩栩如生，惟妙惟肖。

5.客家风 >>>

用泥塑塑造不同形态客家人的生产生活状态，最直接地表达了客家人的民俗风情。纪念品形象逼真，色调、造型等各方面都体现了客家元素，是馈赠之佳品。

6.稀土陶瓷工艺产品 >>>

以氧化锆为原料，经喷雾造粒、等静压成型、精密加工等多种工序制造而成，具有硬度高、耐腐蚀性强、化学稳定性好、高耐磨性等特点，外形美观精致，是真正意义上的永不磨损、永不腐蚀的宝石刀。

以氧化锆为原料的产品还有酸技术稀土陶瓷刀具、稀土陶瓷保健球、陶瓷手表等。

7.七里窑产品 >>>

七鲤窑，是宋时江西四大名窑之一。始于唐，兴于宋，断于元，距今已有700余年历史。七鲤窑产品无论是器型、釉色，还是制作工艺，均有其独到之处。坊间流有羊质虎皮“先有七鲤镇，后有景德镇”之说。七鲤窑材质来源于金贵的稀土及纯天然的高岭土矿石，所含微量元素对人体有改善新陈代谢、促进血液循环等保健作用。

七鲤窑出产的作品有清明上河图26头餐具、金边瑞香26头餐具、青花8头茶具、客家红梅茶具等。

二 旅游土特产

1.野生红菇 >>>

红菇为天然野生高等真菌，素有“中国纯天然高等野生山珍”之美称，是闻名世界的食用菌之一，选择性生长在特殊地方的原始硬木阔叶森林中，纯野生采集，产量极低，“物以稀为贵”，其营养价值和食疗价值都特别高。

2.沙地板鸭 >>>

赣县被誉为“中国板鸭之乡”，其“沙地牌”板鸭采用传统工艺与现代科技相结合加工而成，素以色、香、味、型俱佳而著称，被人们誉为腊味之王。“沙地牌”板鸭的原产地在“中国板鸭之乡”赣县沙地镇，已有2000多年历史，为历代朝廷贡品，是赣县的特色支柱产业，畅销全国各地，远销东南亚地区，饮誉海内外，享有出口免检之殊荣。“沙地牌”板鸭是采用具有沙地镇独特的自然环境、水源、土壤、气候，人工稻田放养的纯绿色鸭子加工而成的腊制肉食品，采用传统古法泡腌秘方结合现代先进工艺，精心生产的原汁原味、具有客家饮食特色的板鸭。沙地板鸭是赣县客家人用来盛情款待珍贵客人的上等珍品之一。

3.黄元米果 >>>

客家人的传统食品——黄元米果，它是以赣南本地产的糯性“大禾米”为主要原料，是赣南客家人十分喜爱的食品和送礼待客的上等佳品。黄元米果历史悠久，早在明朝正德年间就被列为贡品。黄元米果原用大禾米加工而成，黄气香质软。20

世纪60年代后多用粳米精制，工序烦琐。现各地均改为机器制作，每年腊月均有黄元米果上市。制作黄元米果要先用黄元柴灰加开水过滤成灰水，冷却后浸米一夜，次日用甑蒸熟成饭，再将饭拌灰水，摊开晾干后蒸熟，置于大石臼内，用硬杂木棍捣烂成团，起碓后，用手揉搓均匀，切块做成各种形状的米果。由于做工烦琐，往往要亲邻朋友相助才会动工兴做。机制黄元米果盛行后，民间仍有少数家庭在冬季手制黄元米果。做好的黄元米果色黄味鲜，通常用灰水浸没，藏于缸中，可留至第二年夏天。有的切碎晒干，再用沙炒或油炸，做成各种类型的果品，具有柔软细嫩、熏香味鲜、爽口久藏的特点。

4.甜柚 >>>

南康甜柚，肉嫩化渣、汁多味甜，风味独特，品质上乘，富含糖类、蛋白质、有机酸、矿物质、维生素 B、C 等多种营养成分，含可溶性固形物 13.8% — 16%，总糖量达 11.2%，总酸量为 0.33%，每百克果汁至少含维生素 C154 毫克，具有清肝明目、滋心润肺、止咳化痰、降低胆固醇等保健功效。素有“天然罐头”“果中珍品”之美称。

5.花生巴 >>>

南康花生巴是南康的传统食品，花生巴是以面粉为主要原料，佐以五香调味品、灿米粉、鲜花生仁、经加工成型后，在油锅中煎炸而成。具有香脆可口、松酥宜人的特点，是旅游、家食和赠送亲友的佳品。

6.红瓜子 >>>

信丰红瓜子是信丰出口的传统名产。南宋靖康二年（1127

年）由非洲传入中国，在信丰县栽种已有近千年的历史，尤以土壤肥沃的冲积地所种之白瓤瓜为最佳。信丰红瓜子色泽殷红，板粒宽大，壳薄仁厚，香脆可口，且有生津、消食、润肺之功能，一直被消费者视为酒宴茶会、逢年过节之珍品，早在清末就畅销东南亚等地，华侨誉之为“吉祥的象征，典雅的礼品”，博得“信丰红瓜子大王”之美称。

7.信丰脐橙 >>>

信丰脐橙被誉为“橙中之王”，其果皮为橙色，大而无核，色泽鲜雅，肉质脆嫩，甜酸适中，风味清香，素有“脐橙进房香满堂”之美誉，营养丰富，堪称果中佳品。

8.石鱼 >>>

石鱼又名千年石鱼，是生长在上犹高山清水湖泊的一种虎科幼鱼，因其头部有石粒状物质而得名，陡水、龙潭、南河、仙人陂、罗边等五大库湖是上犹石鱼的主要产区。乾隆年间，这里的石鱼曾作为贡品，被皇室所珍爱。

9.玉兰片 >>>

以竹笋为原料精制加工而成，自古以来就是一种雅俗共赏的山珍。相传，北宋文学家苏轼吃了玉兰片之后曾风趣地说:“要不俗,须吃竹”（指玉兰片）。”南宋大诗人陆游曾称赞玉兰片“味抵驼峰牛尾狸”。

上犹玉兰片是用冬笋尖制成，形如象牙，通明如玉，质地脆嫩，味鲜美而清香。它营养丰富，还含有天冬酰胺，是一种纤维素丰富，而脂肪和淀粉含量极低的天然食品。1985年，上犹玉兰片获国优、省优产品称号。产品畅销国内外。

10.齐云山南酸枣糕 >>>

齐云山南酸枣糕来自唯一国家命名的“中国南酸枣之乡”，原料采自原始森林的百年南酸枣树所结野生南酸枣果，结合传统古朴的加工技术，充分保留了天然野生的风味和原始森林的清香，入口由酸而甜，纯滑柔韧，风味独特，野趣盎然。

11.赤水仙系列茶 >>>

崇义赤水仙茶业，起始于20世纪70年代初期“赣南诸广山茶叶学校”的万亩茶区，2002年改制为私营企业，现有茶叶1200多亩，带动农户发展茶叶5000多亩。赤水仙位于全国三大梯田之乡的崇义县上堡乡主景区，茶园海拔为800—1100米，年均气温为16.5度，年降雨量为1750毫米，年蒸发量为1290毫米，土壤pH酸碱度约为6，空气湿度在85%以上。这里三面环山，竹木葱茏，常年云雾缭绕，溪流潺潺，“山高不见峰，云雾缭绕仙境中”是赤水仙茶园的真实意境，蕴涵了生产优质绿茶独特的自然环境。赤水仙茶叶富含天然硒元素，享有“抗癌之王”“抗氧化之王”的美誉。

12.南安板鸭 >>>

在明代南安府（今江西省赣州市大余县）南安镇方屋塘一带，就有板鸭生产。当时是一家一户加工，因其工艺而取名为“泡腌”。为了提高加工质量和出口价值，后对“泡腌”在色、香、味、形上不断摸索，总结经验，重视对毛鸭的育肥，改革生产工艺，并用辅板造形，使鸭身成为桃圆形，平整干爽，因而得名“板鸭”。由于中国板鸭生产发源于明朝江西布政使岭北道南安府，故将之定名为南安板鸭，至今已有500余年的历史。南安板鸭曾在1915年首届巴拿马太平洋万国博览会获得金奖。

13.蜜橘

“寻乌蜜橘”系指产地江西省寻乌县的蜜橘产品，是寻乌县的拳头产品。由于寻乌气候独特，昼夜温差大、无霜期长、土壤深厚、含有丰实的腐蚀物和有机质、透气性很强，非常适应蜜橘的种植，所以，寻乌蜜橘具有皮薄、色鲜、果形好、质脆化渣、清香无核、风味浓厚等特点，深受消费者喜爱。

14.黄酒

黄酒是世界上最古老的酒类之一，源于中国，且唯中国有之，与啤酒、葡萄酒并称“世界三大古酒”。约在3000多年前，商周时代，中国人就独创了酒曲复式发酵法，开始大量酿制黄酒。黄酒以大米、黍米为原料，一般酒精含量为14%—20%，属于低度酿造酒。黄酒内有丰富的营养，含21种氨基酸，其中包括有数种未知氨基酸，而黄酒具备人体自身不能合成，必须依靠食物摄取8种必需氨基酸，故又被誉为“液体蛋糕”。

15.酱干

酱干全称是酱油豆干，江西会昌是有名的酱干之乡。会昌酱干富有悠远浓厚的文化底蕴，它在清代嘉庆年间，曾被官府指定为贡品，誉满京华。实际上，它的历史渊源还可上溯“真龙天子”乾隆皇帝，盛世佳话，传为美谈。

16.莲子

石城白莲历史悠久，其品质独特，不同于一般的莲子，这归根于石城的水土环境。石城白莲显然是石城县的一大特色，县政府对白莲产业非常重视，对白莲产业加大扶持力度，努力构建石城白莲品牌。石城于此被美誉为“中国白莲之乡”。

白莲子富含淀粉、蛋白质及棉籽糖等，是良好的药用滋补品。白莲子中，碳水化合物的含量达62%，蛋白质含量高达16%，钙、磷、铁质及维生素B1、B2和胡萝卜素含量也相当丰富。李时珍的《本草纲目》中载，莲子“交心肾，厚肠胃、固桂气、强筋骨，利虚损、利耳目，除寒湿，止脾泄久痢，赤白浊，女人带下崩中诸血病”，将莲子“捣碎和米作粥饮食，轻身益气，令人强健”。

莲不仅营养丰富，而且全身是珍宝。莲子是栽莲的主要收获物，莲惠（莲心）、莲须（雄心）、藕节、荷叶、荷蒂、花棕、莲花、藕（藕鞭）等均可入药。莲、藕、荷叶都可做成饭桌上的美味佳肴。

17.鱼丝 >>>

兴国鱼丝是当地一道具有乡土特色的客家菜。鱼丝还有个别名叫“与你相思”，因为“鱼丝”与“余思”谐音，意即我思念你。所以，至今兴国老表出远门，家人都要煮碗鱼丝饯行，表达“游子在外，永远思家”之意。旅居海外的同胞回乡探亲时也要带上几包鱼丝，以便经常品尝到家乡特产，寄托怀故思乡之情。

鱼丝的制作方法颇为讲究。将草鱼剔除头和骨，鱼肉剁成肉酱，掺拌适量薯粉，做成大块，加热蒸熟，晾干至不黏手时，把它切成丝条，最后晒干储存。烹调时用鲜肉汤或鲜鸡汤伴煮，配以适量的配料，还可油炸、凉拌。

CHAPTER 7

娱在赣州

——欢愉无限

一 赣州生态旅游节

（一）赣州脐橙节

赣南脐橙在天时、地利、人和的环境下，萌芽初露尖尖角。然而，在很长一段时间内，赣南脐橙并未作为产业化发展，仅仅在本地市场自产自销，直到20世纪90年代后期，京九铁路的开通给赣州带来了便利的交通，同时也升华了赣州人的市场意识。赣州市委、市政府解放思想，把发展脐橙产业作为调整农业结构、促进农民脱贫致富奔小康的战略。赣南人纷纷从沿海的工厂企业返回家乡，扛起锄头，响应“山上再造”和“兴果富民”的战略。赣南脐橙没有辜负他们的汗水，淡淡的橙香飘向了祖国大江南北，飘进了国际市场。

赣州脐橙节由农业部、江西省政府主办，赣州市政府、江西省农业厅、中国农产品市场协会承办，将每年11月18日定为赣州的脐橙节（偶有变更）。

（二）客家生态文化旅游节

中国（赣州）客家生态文化旅游节系列活动贯穿全年，主要有中国（赣州）客家生态文化旅游节暨赣县樱花节，储潭油菜花节，湖江桃花节，在南塘开展登鹿山活动，吉埠杨梅节活动，大型山水实景打击乐《客家摇篮·千鼓盛宴》文体表演活动及夏浒古村开放仪式，在三溪寨九坳景区开展“勇攀巅峰”攀岩大赛，在白鹭开展“月满中秋”白鹭民俗展演活动，田村宝华寺开光大典，脐橙采摘节等10项主要活动。

活动以全面展示赣州和赣县客家民俗风情、彰显客家文化魅力、打造客家旅游品牌为主要内容。在去年的基础上，本届樱花节包括文昌阁竣工典礼，将军堂、进士堂开馆仪式，狮子岩、燕子岩风景区开工仪式，宝莲山风景区开工仪式，客家文化风情街竣工及客家特色文化展揭牌仪式，赏樱踏青花车游园活动，百位名家书“赣”“客”字活动，樱花诗会，“爱在樱花浪漫时”百对新人集体婚礼，樱花摄影节，客家采茶戏表演，客家美食、奇石、根雕古玩书画展，招商引资洽谈会等13项活动。

（三）龙南客家围屋文化旅游节

2007年10月25日，上海大世界基尼斯总部专家将一块“拥有客家围屋最多的县”的牌匾颁发到龙南县领导手里，标志着龙南“中国客家围屋第一县”的身份正式得到权威认定。

赣南是客家的摇篮，而位于赣南南部的龙南县客家围屋是古代客家民居的主要建筑形式，它集家、祠、堡于一体，墙体由青砖或花岗岩砌成，易守难攻，非常坚固，造型多以方围为主，其数量之多、规模之大、风格之独特、保存之完好，以龙南为全国之最。龙南县拥有全国重点文物保护单位关西新围、燕翼围和乌石围、栗园围等376座客家围屋，占赣南客家围屋的70%以上。

依托深厚的客家文化底蕴，从2008年开始，通过每年举办一届“中国·龙南客家围屋文化旅游节”，从而不断提高龙南客家生态旅游的知名度。推出了多条客家围屋旅游和客家生态旅游等精品线路，增加了客家山歌、地方采茶戏、过山溜、客家婚俗、香火龙、舞龙灯狮等客家文化风情和黄沙畲族风情特色演出，加大了农副土特产品以及手工艺品等旅游纪念品的研发、生产和销售力度，使得吃、住、行、游、购、娱六要素配套的旅游链条得以延长，游客消费的积极性得以大大提高。

另外，该县以绿色生态为特色，不断完善景区的基础设施，启动了九连山旅游公路、关西至定南旅游公路以及县城通往龙头滩瀑布景区道路建设，关西新围和渔仔潭围分别被评为国家4A级景区和国家3A级景区。

随着“中国·龙南客家围屋文化旅游节”不断发展，逐步提高，这个节日不仅成为集中体现龙南客家围屋文化品位、开放意识的文化盛会，还成为赣州地区知名的品牌性节庆活动，也是社会各界密切关注的大型节庆活动。

每年的文旅节开幕式都会邀请众多海内外著名歌手、主持人、歌舞团等文艺界人士参加，参加文旅节盛典就能够和这些明星们见面。

举办时间： 每年10月至11月
举办地点： 赣州市龙南县

二 传统娱乐项目

（一）赣南采茶戏

赣南采茶戏是赣南土生土长的剧种，它是在当地民间灯彩和采茶歌舞的基础上形成的。其产生和流传具有悠久的历史。

赣南采茶戏的舞台语言是当地客家方言。它载歌载舞，气氛轻松活泼，语言幽默风趣，融民间口头文学、民间歌舞、灯彩于一体，具有浓郁的生活气息。其剧目多以喜剧、闹剧为主，少有正剧和悲剧。题材多以下层群众，尤其是手工业工人、艺匠的日常生活为表现对象，尤以男欢女爱的戏情所占比重为大。其音乐唱腔属于曲牌体，以茶腔和灯腔为主，兼有路腔和杂调，俗称“三腔一调”。伴奏均为民间乐器，主要有勾筒（二胡类）、唢呐、锣、鼓、钹和笛子等。其表演艺术特点，主要表现在小丑、小旦两个行当，曾有“三角成班，两小当家”之说。

（二）赛龙舟

“艾蒲洗身雄黄酒，食了粽子划龙舟。绣花香包腰上带，神龙保我九十九”。每年的农历五月初五，最早是我们华夏先民驱毒避瘟、迎迓龙神的节日。公元前278年以来，这个驱毒避瘟的“龙舟节”的内涵有了极大的变化，因忧国忧民而被朝廷放逐的大诗人屈原，选择了在那一年的五月初五投江自尽，百姓闻讯后，一边组织龙舟打捞屈原的遗体，一边将大量的粽子投入江河，让鱼虾吃饱了而不去伤害屈原的遗体。

客家人崇尚健康，更崇尚文化，赣南的客家祖先把端午节驱毒避瘟和纪念屈原的文化内涵传承下来，带到了赣南，他们来到赣南后，又在开拓奋斗中给端午节增添了新的文化底蕴，把划龙舟变成了一项富有赣南客家特色的体育运动——每年农历五月初五举行的龙舟赛。龙舟赛之前，必定要进行“祭龙舟”活动，仪式包括：请龙王、祭龙舟、安龙头、舟下水等项目，每逢祭典，乡亲们都要带着“三牲”和粽子来到现场，摆祭品、点香烛、放鞭炮、行大礼。

龙舟赛开始，两岸观者如堵，丝竹唢呐，锣鼓喧天，热闹空前。如今，端午龙舟赛已经成了客家地区旅游观光业的一个特殊项目。

（三）赣南客家舞龙灯

舞龙灯是赣南客家人逢年过节最热闹、最隆重的事，别有一番情趣。每每过完年，村中的大族便纷纷开始走街串巷的舞龙灯，龙灯在元宵节晚上“闹花灯”时焚烧了，这乐事儿也才算画了个圆满的句号。是啊，过了元宵大人们又要忙着备耕、春耕，小孩也要回学校正儿八经地上课去了。

至此，年才算彻底过完了。

二 主要文化娱乐场所

（一）赣州市博物馆

赣州市博物馆·城展馆于2009年开放，赣州市博物馆设有两层，每层建筑面积为1000平方米，在这个有限的空间里，以文物、实物、史料展示等方式，从远古时期到民国，从赣南人民革命战争到新中国成立，浓缩了赣州5000多年的历史。赣州市博物馆拥有6件国家一级文物、3件国家二级文物。这些文物具有鲜明的特色和代表性，均为镇馆之宝。

开放时间： 每周二至周日上午9:00—17:00，国家法定假日均正常开放

门票： 游客凭个人有效身份证可免费领取门票参观

赣州市博物馆脉络清晰地展示赣南特有的客家文化和红色文化，通过一件件古物、一尊尊塑像、一个个场景再现……向世人重现了一段段或精彩或悲痛或辉煌的历史。

（二）赣州自然博物馆

赣州自然博物馆位于章江新区 F14 地块（赣州城市中央公园西南侧），总建筑面积为 27950 平方米，系框架及钢结构，建有地下室一层、地上四层，地上最高为 23.9 米，总投资约为 2 亿元（不含土地划拨及拆迁等费用）。该博物馆由植物馆、恐龙馆、植物园、人与自然地球起源厅、自然体验空间、动物海洋生物展厅、古生物展厅、图书阅览室、赣州综合展厅、互动区、大座报告厅（含 351 座）、小座报告厅（含 172 座）及藏品库等组成，

集科普教育、旅游服务、标本收藏、学术研究等功能为一体。

（三）赣州市图书馆

赣州市图书馆创立于1926年，初始名为赣县公立中山图书馆，曾先后名为赣南公立中山图书馆、新赣南图书馆，1952年改名为赣州市图书馆。现馆藏图书有28万余册、报刊600余种、古籍图书3万多册，另珍藏有蒋经国先生在赣南活动时期创办的《正气日报》及丰富的赣南地方特色文献。

赣州市图书馆由别具风格的新、老两部分组成，老馆位于市区健康路 34 号，建于 1984 年，建筑面积达 2200 平方米，现为赣州市少年儿童图书馆、赣州市图书馆第一分馆。改为市少年儿童图书馆后，是赣州市少年儿童道德教育、文化知识、娱乐休闲的较佳场所；新馆位于市长征大道，市政中心东侧，紧邻市体育中心，于 2001 年 10 月竣工并投入使用，建筑面积为 9834.34 平方米，是赣州市文化、信息的重要组成部分。两馆内设有图书、期刊、报纸、少儿、地方文献、电子阅览室等 11 个阅览室，电脑 80 台，设有多功能报告厅、展览厅、书店和少儿培训教室 2 个，拥有少儿座位 200 个、自修阅览座位 1200 个。

赣州市图书馆现有职工40人，其中大专以上学历者28人，占全馆职工总数70%。这支充满活力的队伍本着“全心全意为读者服务”的宗旨，以饱满的热情为广大市民提供方便、快捷、全面的服务。

赣州市图书馆现为国家一级图书馆，被文化部授予“全国文明图书馆”“读者喜爱的图书馆”等称号，被省古籍保护中心授予“江西省古籍普查工作先进单位”。这里既是好学者孜孜求学的殿堂，亦是广大市民文化休闲娱乐的好场所。

赣州市图书馆馆藏分布：总藏书量为 28 万册，现报刊有 1300 多种。其中，含古籍书 3.1 万余册(善本书 186 种,2796 册)，图书 21 万余册（少儿图书 4 万余册）,报刊合订本 3.9 万余册（老报刊 1500 余册）。

馆内结构：中心馆一楼为自修室，二楼为期刊阅览室、电子阅览室，三楼为图书馆阅览室、儿童阅览室，四楼、五楼为工具书和地方文献室；第一分馆、少儿馆：三楼为儿童阅览室、电子阅览室；四楼为图书、期刊、报刊阅览室。

地址：少儿馆、第一分馆位于市区健康路 34 号；中心馆位于市长征大道市政中心东侧，紧邻市体育中心

赣州市图书馆开放时间安排

	服务项目	开放时间
中心馆	总服务台	周一至周日 8：30—17：30（春、冬季时间） 8：30—18：00（夏、秋季时间） 四楼为成人阅览室
	期刊阅览室	
	报纸阅览室	
	自　修　室	
	电子阅览室	
	儿童阅览室	8：30—17：30（春、冬季时间） 8：30—18：00（夏、秋季时间） 逢节假日、暑假时候每天开放
	石景宜赠书陈列室	读者有借、阅需要就开放
	古籍阅览室	
	工具书检索室	周一至周日 8：30—17：30（春、冬季时间） 8：30—18：00（夏、秋季时间）
	地方文献阅览室	
健康路分馆	书刊阅览室	周一至周日 8：30—17:30（春、冬季时间） 8:30—18:00（夏、秋季时间） 每逢节假日开放
	报纸阅览室	
	电子阅览室	
少年儿童馆	儿童阅览室	周一至周日 8：30—17：30（春、冬季时间） 8：30—18：00（夏、秋季时间）
	办　证　处	

注：各馆星期五下午均为学习时间，不对外开放。

（四）赣州市中影国际影城

赣州中影国际影城是由中影影院投资有限公司和深圳中影影视有限责任公司在赣投资，倾力打造的全数字化国际豪华影城。影城位于赣州市黄金广场九方购物4楼，地处金融商业区核心地带，总建筑为3000平方米，拥有7个影厅，其中5个为3D放映厅，700余座席。引进国内最先进的放映设备、配合国际化的服务理念，是目前赣州地区档次最高、设备最为先进的现代化豪华国际影城。

影城周边配套完善，设施齐全，必胜客、肯德基、黄记煌、味千拉面、河清料理、全国连锁电玩城星际空间、天虹百货、ZARA等国内外品牌皆已进驻九方购物中心。九方购物中心还为顾客提供近800个停车位，让您能在赣州中影国际影城观影的同时，享受餐饮、娱乐、休闲、购物一体化的服务。

（五）赣州市银河欢乐影城

银河欢乐影城是国内最具实力的影城之一。它拥有国内最先进的放映设备音响设备和最尖端的放映技术，还有丰富的节目资源和最先进的国际化服务理念。

银河欢乐影城（赣州万盛店）营业面积约为3200平方米，拥有7个放映厅，其中4个为3D数字厅，1个为VIP豪华厅。

影城的影音设施会集了当今世界电影放映产业的最新科技，完全按照国际THX标准建造。影厅采用英国HARKNESS金属银幕、BARCO-2K数字放映机、GDC数字服务器、西班牙3D in立体摄像设备、美国CP750数字解码器、QSC影院专用音箱及公放，使各厅的视听效果达到国际一流标准，声音逼真，更具身临其境的现场感。影城在放映厅内安置了超宽超大的座椅，所有座位完全按照人体工程学设计，前后两排间的座位间隔达到1.2米，座宽也达到了空前的60厘米，充分保证了高品质的观影需求，所有到场的观众都能以最舒适的方式完成梦幻般的电影之旅，彻底享受电影带来无与伦比的视听享受与超乎想象的震撼效果。

（六）赣州休闲娱乐城

赣州休闲娱乐城项目位于赣州市章江新区章江南大道南侧，北望章江，东接章江豪园高档社区，西邻丽水华庭电信小区，南靠安居小区，占地面积为2.3万平方米，沿江面共620米长，总建筑面积近8万平方米，其中商业面积为4万余平方米。由于地处城市新区，目前项目周边人气较弱。

一层设有中小型餐饮、夜市小吃、特色餐饮、中小型KTV、酒吧、水吧、游艺吧、便利店；二层设有水吧、特色酒吧、中小型KTV、西餐厅；三层设有大型中餐、海鲜酒楼、大型量贩式KTV、夜总会、慢摇吧；四层设有大型中餐、海鲜酒楼、夜总会、慢摇吧、电影院。

附　录

附表1：

赣州市交通设施一览表

赣州黄金机场夏秋季航班时刻表

航班号	机场	起飞	到达	机场	起飞	到达	机场	班期	机型
CA1490/89	赣州	20:20	22:55	北京	16:45	19:20	赣州	每日	B73G
CZ3255/56		16:00	18:30		8:05	10:35		每日	A320
CZ3256/55	赣州	11:35	12:50	深圳	13:50	15:15	赣州	每日	A320
CZ3638/37	赣州	16:30	17:25	广州	14:30	15:40	赣州	每日	A319
MU2993/94	赣州	20:15	21:45	上海虹桥	17:45	19:30	赣州	每日	A320
MU2606/05	赣州	19:30	22:05	武汉	16:20	18:50	赣州	每日	EMB
GS7526/25	赣州	13:05	14:40	海口	8:00	9:35	赣州	每日	E190
MU2606/05	赣州	19:30	20:10	南昌	18:10	18:50	赣州	每日	EMB
GS75265/26		10:15	10:55		11:35	12:25		每日	E190
NS3288/87	赣州	12:50	14:55	西安	10:20	12:15	赣州	4、7	E190
NS3288/87	赣州	12:50	17:10	石家庄	7:40	12:15	赣州	4、7	E190
GS6536/35	赣州	19:55	21:25	南宁	13:35	15:05	赣州	2、4、6	E90
GS6535/36	赣州	15:45	17:05	杭州	18:00	19:15	赣州	2、4、6	E90
3U8938/37	赣州	21:30	23:35	成都	15:10	17:10	赣州	1、3、5、7	A320
3U8937/38	赣州	18:00	18:55	厦门	19:50	20:40	赣州	1、3、5、7	A320

附表2：

赣州市旅行社一览表

序号	旅行社名称	地　址	电话（0797）
1	赣州国际旅行社有限公司	文清路39号邮政大厦5楼	8276408 8242945
2	赣州红井国际旅行社有限公司	红旗大道16号5栋3单元405	8200797
3	赣州赣之旅国际旅行社	文清路63号二楼	8294151
4	安远东江源旅行社	安远县三百山镇热泉河酒店内	3784891
5	赣州远景国际旅行社	文清路3-5号文化大厦6楼	8207922
6	大余岭南旅行社	大余南安镇建设路16号	8724515
7	上犹五指峰旅行社有限公司	上犹县文兴路希桥人家快捷酒店D栋一楼	8539591
8	赣州神州国际旅行社	健康路61-12号	2172999
9	赣州市翠岗国际旅行社	宁都县梅江镇博生东路29号	6816582
10	赣州光大假日国际旅行社	红旗大道12-2号	8116018
11	崇义绿谷之旅国际旅行社有限公司	崇义县横水镇阳岭大道925号	3814298
12	赣县梅林旅行社	赣县赣新大道91号	4444123
13	兴国县将军旅行社有限公司	兴国县城背街将军宾馆内	5324001
14	赣州市红土地旅行社有限公司	迎宾大道希雨北路智信实业有限公司内	8112266

续表

序号	旅行社名称	地　址	电话（0797）
15	赣州风情国际旅行社有限公司	红旗大道49号华钨大厦9楼	8223205
16	赣州夕阳红旅行社有限公司	姚府里1号	8238788
17	赣州市凯旋国际旅行社有限公司	营角上路16号3楼	8207857
18	五龙客家国际旅行社	章贡区沙河镇五龙村办公楼一楼	8186669
19	崇义县齐云峰国际旅行社有限公司	崇义县横水镇南中路175号	3816268
20	于都鸿达旅行社有限公司	于都新龙都大市场B栋1-4号	6335139
21	赣州中铁旅行社有限公司	铁龙大酒店	8159098
22	寻乌县友谊国际旅行社有限公司	寻乌县长宁街161号	2838658
23	赣州国青国际旅行社有限公司	章贡区东阳山路58号	8237939
24	石城县赣江源国际旅行社有限公司	石城县城北大道赣江源国际酒店一楼商务中心	5711751
25	赣州宝中观光国际旅行社有限公司	赞贤路豪德银座B栋1606	7070795
26	赣州市环球国际旅行社有限公司	健康路20号	8240599
27	中国旅行社总社赣州有限公司	娱乐城北楼11楼1123号	8385858
28	赣州港中旅国际旅游有限公司	健康路26号6楼	8222941
29	瑞金市京都旅行社有限公司	瑞金市龙珠路1号	3607658

附表3：

赣州市特色餐饮一览表

名称	地　址	电话（0797）
九龙饭庄	安远县美食街	3720118
天天海港酒店	崇义县章源大道	3822220
四海酒家	崇义县阳明路	3812414
南康餐馆	崇义县中山路	3817194
桃源农庄酒家	大余县伯坚大道加油站边往里118米	8719888
花果山酒家	大余县金莲山大道政府大楼旁	8711088
京珠大酒店	大余县牡丹苑	8712118
瑞香园农庄	大余县瑞香花园	8739616
五洲大酒店	定南县	4283688
东海渔村	赣县光彩大市场站前大道1号	4440666
金喜悦大酒店	赣县客家文化城正对面	4447833
清华大酒店	赣县梅林大街东延路117号	4441117
华典大酒店	八一四大道68号铁龙大酒店旁	8339000
鱼游天下	长征大道1号九方购物中心二楼L250	8458777
老树咖啡	长征大道天际华庭15栋	8388833
三江楼大酒店	大公路	8350583
买菜坡酒楼	大公路	8362399
孖乐美食工房	大公路西段116号章贡区保育院对面	8239098
江桥大厨	东阳山路	8271776
羊城酒家	厚德路	8222556
海南羊庄	黄金区大坪村赣丰路2号	8322779
正宗南雄鹅王店	黄金区瑞金路中段	8407758
涌金楼	濂溪路63号涌金门	8299997
红毛酒家	贸易广场九街	8110491

续表

名称	地　址	电话（0797）
怪味大排档	南河路	8271086
财记食府	南河路	8289979
诸葛烤鱼	南河路	8177177
肯德基	文清路	8278326
塞纳河畔	文清路	8272699
杜可以粥记营角上店	营角上	8356498
黄沙土鸡店总店	章贡区八一四大道19号七天商务酒店二楼	8180000
大话赣州球迷餐厅	章贡区濂溪路7号	8291288
迪欧咖啡	章贡区南河路怡景嘉苑小区27号	8172750
妈祖人家	章贡区逸豪大道1号（碧水蓝庭）逸豪小区1栋2号	8356950
野猪林酒楼	章贡区章江南大道金域蓝湾A区东座1号	8089199
宋城印象食府	章贡水南东四区9号	8316888
巴力克咖啡	章江北大道58号	8339199
维也纳咖啡总店	章江南大道银庭花园	8388822
泳聚餐馆	会昌县湘江大道	5620158
河鲜酒楼	会昌县湘青路18号	5631345
西江美食	会昌县湘青路河鲜酒楼对面	5627766
龙南县迎宾楼	龙南县金水大道财政局后	3575999
乾坤大酒楼	龙南县龙都花园边	3516189
来宾餐厅	南康市唐江镇	6661222
满廷芳酒楼	宁都县三中对面	6938775
吉祥美食馆	宁都县胜利中路21号	6823390
玉兔饭庄	宁都县中山北路宁北桥头	6908299
驿酩酒店	全南县滨江路	2606398
龙凤酒楼	全南县南迳镇	2601277
兰海酒家	瑞金市华塘路	2522146
瑞金市特色鱼头店	瑞金市沙洲镇大布村小组	2347023

续表

名称	地　址	电话（0797）
金海酒家	上犹县	8544621
京华大酒店	上犹县和平路	8542278
三悦酒楼 总台	石城县恒福花园	5796220
牛牛汤店	石城县客家风情城商业街A区	5713995
罗记蒸饺店	信丰县工行对面168号	3316297
金铃酒楼	信丰县嘉定镇南山东路	3361936
东郊大酒店	信丰县嘉定镇水东路狗仔岭	3369798
食为天	兴国县凤凰大道人民医院对面	5310222
柴火酒家	兴国县潋江之春A4栋	5321999
源味餐馆	于都县工贸城	6237609
宏昌酒楼	于都县红军大道16-09号	6218383
一品楼酒楼	于都县农民街街口	6234558
沁园春酒楼	于都县沿江大道阳光水岸	6335000
品味源酒楼	于都县于宁大道福麒山庄对面	6338559

附表4：

赣州市星级酒店一览表

序号	名 称	地 址	电话（0797）	星级标准
1	赣州锦江国际酒店	金东北路88号	8333333	五星
2	赣电大厦	红旗大道27号	8202388	四星
3	上犹希桥酒店	上犹县文兴路	8528888	四星
4	大余章源宾馆	大余县南安镇陶园路	8731888	四星
5	崇义耀升国际饭店	崇义县枫山路	3818888	四星
6	山水大厦	赣州市红旗大道23号	8329188	四星
7	瑞金美瑞欧大酒店	瑞金市金都大道市政府后	2558777	四星
8	瑞金宾馆	瑞金市象湖镇东升先街	2522001	四星
9	兴国品禄园酒店	兴国县潋江镇品禄园路	5323081	四星
10	聚德山庄	水东镇时间公园对面	8161080	四星
11	全南希桥酒店	全南县金龙大道希桥路	2688888	四星
12	赣州香江湾大酒店	章江北大道40号	7077777	四星
13	龙南富业大酒店	龙南县金水大道500号	3575888	四星
14	南康市宝辉酒店	南康市工业一部	7788999	四星
15	赣南宾馆	厚德路76号	8265166	三星
16	明珠大酒店	红旗大道1号	8152928	三星
17	赣龙大酒店	红旗大道50号	8269188 8269180	三星
18	铁龙大酒店	章贡区八一四大道66号	8139999	三星
19	海天大酒店	八一四大道29号	8156618	三星
20	赣州逸豪宾馆	文清路29号	8281666	三星
21	赣州宾馆	健康路101号	8266188	三星
22	兴国将军宾馆	兴国县潋江镇背街	5324000	三星

续表

序号	名 称	地 址	联系电话（0797）	星级标准
23	南康华龙大酒店	南康市泰康东路	6605999	三星
24	瑞金大酒店	瑞金市红都大道金塘下	2327999	三星
25	瑞金饭店	瑞金市红都大道21号	2532218	三星
26	赣县梅苑宾馆	赣县梅岭镇县城银河大道3号	4421888	三星
27	瑞金市长征大酒店	瑞金市金都大道	2525777	三星
28	会昌宾馆	会昌县红旗大道	5622199	三星
29	瑞金市红都大酒店	瑞金市象湖镇红都大道七里段	2532218	三星
30	安远迎宾馆	安远县濂江路66号	3726421	三星
31	定南国际饭店	定南县东风东路51号	4261888	三星
32	龙南迎宾馆	龙南县濂江路1号	3575911	三星
33	赣州金泰大酒店	章江北大道20号	8153888	三星
34	信丰锦绣大酒店	信丰县阳明南路298号	3377518	三星
35	新赣南饭店	红旗大道52号	2169100	三星
36	于都新联大酒店	于都县长征大道73号	6267888	三星
37	定南凤凰酒店	定南县京九大道中段	4263129	三星
38	龙南福平酒店	龙南县龙泽居东区	3579838	三星
39	赣州滨江大酒店	章江北大道78号	8232827	三星
40	中成大酒店	客家大道157号	8160888	三星
41	瑞金市中山大酒店	瑞金市红都大道口中山北路	7115322	三星
42	瑞金市京里大酒店	瑞金市红都大道东段	2507888	三星
43	瑞金红井大酒店	瑞金市金都大道	2557888	三星
44	宁都天鼎大酒店	宁都县登峰大道11号	6813998	三星
45	赣州五龙湖度假村	沙河大道18号	8329999	三星
46	赣州汇康大酒店	青年路36号	8108666	三星
47	定南县华旗酒店	定南县滨河路贸易广场16栋	4262777	三星

续表

序号	名 称	地 址	电话（0797）	星级标准
48	信丰县江西麦饭石大厦	信丰县圣塔路31号	3378000	三星
49	于都县宏泰大酒店	于都县贡江镇长征大道76号	2062888	三星
50	云山饭店	八一四大道18号	8119696	三星
51	宁都富丽华大酒店	宁都县财政大厦内	6815923	三星
52	赣县天悦大酒店	赣县站前大道93号	4444488	三星
53	唐苑大酒店	赣江源大道2号	8101111	三星
54	石城九寨温泉度假庄园	石城县屏山镇长江村	5763888	三星
55	于都县天润大酒店	于都县滨江大道天润水云豪苑	6419888	三星
56	上犹卧龙大酒店	上犹县城沿南路55号	8538888	三星

附表5：

赣州市旅游休闲场所一览表

名称	地址	电话（0797）
D&D国际俱乐部	娱乐城南区二楼	13330175899
A8名人国际总汇	娱乐城南区二楼	8459999
外滩一号公馆KTV	章江南大道	15213718260
白金会所	章江南大道	8188888
丽水金沙	娱乐城南区二楼	8409898
国会俱乐部	章江南大道中段	8409999
赣州大浪淘沙休闲会所	章江北大道	8188555
赣州艾灸养生会所	赞贤路	15879791165
大唐良子足道	赣江源大道	5553777
御泉湾水疗会所	章江北大道	8221111
扬子足道	开发区翠湖山庄	13576764434
棕榈岛水疗会所	青年路与西郊路交汇处	8246788
梅子足道	赣县梅林大街	4443699
赣州空间酒吧	章江南大道娱乐城南区	13590393769
喜马拉雅酒吧	章江南大道丽水华庭	8403383
赣州KTV娱乐会所	章江南大道娱乐城南区	8187771
赣州金殿国际会所	章江南大道豪德银座	8881888
赣州未来海岸	章江北大道	13979798839
赣州乐巢KTV	红旗大道	8121618
赣州现代人KTV	营角上路	8356555
赣县皇家壹号音乐会所	赣县赣金大道	4609888

图书在版编目（CIP）数据

游遍江西. 赣州卷 : 客家摇篮 / 王晓峰主编. —南昌 : 江西人民出版社, 2015.1
（游遍江西旅游系列丛书）
ISBN 978-7-210-06537-1

Ⅰ. ①游⋯ Ⅱ. ①王⋯ Ⅲ. ①旅游指南—江西省 ②旅游指南—赣州市 Ⅳ. ①K928.956

中国版本图书馆CIP数据核字（2014）第147235号

游遍江西之赣州卷——客家摇篮
王晓峰 主编
责任编辑：王一木 杨帆
书籍设计：同异文化传媒
出版：江西人民出版社
发行：各地新华书店
地址：江西省南昌市东湖区三经路47号附1号
编辑部电话：0791-88612505
发行部电话：0791-86899036
邮编：330006
网址：www.jxpph.com
E-mail：jxpphwym@sina.com web@jxpph.com
2015年1月第1版 2015年1月第1次印刷
开本：880毫米 × 1230毫米 1/32
印张：7.25
字数：130千
ISBN 978-7-210-06537-1
赣版权登字—01—2014—432

定价：29.80元
承印厂：南昌市红星印刷有限公司